Dettmering – Die Adoptionsphantasie

Peter Dettmering

Die Adoptionsphantasie

„Adoption" als Fiktion und als Realität

Königshausen & Neumann

Die Deutsche Bibliothek — CIP-Einheitsaufnahme

Dettmering, Peter:
Die Adoptionsphantasie : "Adoption" als Fiktion und als Realität / Peter Dettmering. – Würzburg : Königshausen und Neumann, 1994
   ISBN 3-88479-918-5

© Verlag Königshausen & Neumann GmbH, Würzburg 1994
Umschlag: Hummel / Homeyer, Würzburg
Druck: Verlag Königshausen & Neumann, GmbH
Gedruckt auf säurefreiem, alterungsbeständigem Papier
Bindung: Rimparer Industriebuchbinderei GmbH
Alle Rechte vorbehalten
Auch die fotomechanische Vervielfältigung des Werkes oder von Teilen daraus
(Fotokopie, Mikrokopie) bedarf der vorherigen Zustimmung des Verlags

Printed in Germany
ISBN 3-88479-918-5

Inhaltsverzeichnis

Vorwort	7
Erster Teil: deutschsprachige Literatur	9
Zum Entfremdungserleben in Heimito von Doderers „Dämonen"	11
Herkunftsthematik im Nibelungenlied: ihre Verarbeitung bei Wagner und Hebbel	21
Adoption im Märchen I: „Marienkind"	25
Adoption im Märchen II: „Rapunzel"	31
Adoption im Märchen III: „Schneewittchen" in weniger bekannter Form	35
Das Adoptionsmotiv bei Jean Paul und Heinrich von Kleist	39
Zweiter Teil: fremdsprachige Literatur	49
Ein anderer „Findling": Emily Brontë's „Wuthering Heights"	51
Adoption im klassischen Roman: Charles Dickens' „Great Expectations"	59
Zu Dostojewskis Roman „Der Jüngling"	69
Adoptionsthematik im Werk von Henry James	75
Zu T.S. Eliots Drama „Der Privatsekretär"	79
Dritter Teil: ein realer Fall von Adoption	85
Literaturverzeichnis	102
Bibliographische Hinweise	104

Vorwort

Das Entfremdungserleben in Heimito von Doderers Roman „Die Dämonen" bildete 1978 den Gegenstand einer Arbeit, mit der ich meine Untersuchungen zum Erzählwerk Doderers abschloß; sie steht im hier vorliegenden Band an erster Stelle. Ich stieß darin zum ersten Mal auf eine psychologische Konfiguration, der ich in der Folge noch wiederholt begegnete. Zwei Protagonisten waren einander gegenübergestellt, in der Regel „sie" und „er", deren Schicksale vom Autor auf eine bestimmte Weise verknüpft wurden. Der eine Teil war in früher Kindheit adoptiert worden, wußte jedoch nichts von dieser Tatsache, woraus eine erhebliche Behinderung der Entwicklung und Selbstverwirklichung resultierte. Der andere Teil kam irgendwann in den Besitz dieses Wissens, forschte weiter nach und war zuletzt in der Lage, die Diskrepanz auszugleichen, das heißt sein Gegenüber über sich selbst aufzuklären. War der eine Teil gewissermaßen unfähig, einen Familienroman im Sinne des 1909 von Sigmund Freud beschriebenen Phänomens zu bilden, so entwickelte der andere, psychisch weniger behinderte Teil stellvertretend für ihn diese Phantasie. Es gab jedoch noch eine weitere Besonderheit: während der Familienroman Sigmund Freuds mit der Vorstellung von sozialem Aufstieg, sozialer Höherstufung arbeitet, kommt der „Adoptionsroman" nicht ohne die ständig im Hintergrund drohende Gefahr sozialer Erniedrigung, Deklassierung aus. Was die psychopathologische Seite angeht, so war zumindest der eine Teil – der weibliche in der Regel stärker als der männliche – mit dem behaftet, was D.W. Winnicott als „falsches Selbst" beschrieben hat; die Zielvorstellung des Adoptionsromans war dementsprechend, der Struktur des „wahren" Selbst zum Durchbruch zu verhelfen.

In den zwölf literarischen Beispielen, die ich in diesem Band zusammengestellt habe, kommt dieses Muster größtenteils sehr deutlich heraus, wird aber natürlich von den stofflichen Gegebenheiten oder dem Stand der Überlieferung im Einzelfall modifiziert. Drei der Arbeiten wurden bereits an anderer Stelle veröffentlicht; die anderen erscheinen erstmals in dieser Form im Druck. Sie wurden im Frühjahr 1991 einem interessierten Hörerkreis der Lindauer Psychotherapiewochen vorgetragen und dort zur Diskussion gestellt. Von der Gegenüberstellung von fiktivem „Adoptionsroman" und realem Adoptionsschicksal – im dritten Teil des Bandes, der auch als eine Art „Anhang" betrachtet werden kann – erwarte ich mir neue Einsichten in diese Sonderform menschlicher Entwicklung, mit der sich von psychoanalytischer Seite bisher vor allem Heinz Kohut befaßt hat. Diese Einsichten könnten nicht zuletzt der Therapierbarkeit der mit dem Adoptionsstatus einhergehenden seelischen Störungen zugutekommen. In diesem Sinne übergebe ich diese Texte der Öffentlichkeit.

Wedel in Holstein, im Sommer 1993
Der Verfasser

ERSTER TEIL:

DEUTSCHSPRACHIGE LITERATUR

Zum Entfremdungserleben in
Heimito von Doderers „Dämonen"

Heimito von Doderers Roman „Die Dämonen" mit dem Untertitel „Nach der Chronik des Sektionsrates Geyrenhoff" bietet ein lehrreiches Beispiel, wie irreführend es sein kann, eine fiktive Figur – und wirke sie noch so „biographisch" – unhinterfragt ins Biographische rückübersetzen zu wollen. Der Verfasser der ersten Doderer-Monographie aus dem Jahre 1963, Dietrich Weber, berichtete einige Jahre später zur Person Doderers, bis zur ersten Begegnung im Jahre 1959 habe er sich den Autor der „Dämonen" nicht anders vorgestellt als deren fiktiven Chronisten,

> den bedächtigen, Gegensätze ausgleichenden und selber ausgeglichenen Sektionsrat in Pension Georg von Geyrenhoff, aber was ich vorfand, war alles andere als sektionsrätlich, vielmehr ein von Energie und Temperament strotzendes, explosives Ungeheuer in heftiger Bewegung, bald Wort für Wort mit überlauter rauher Stimme hervorschleudernd, einzelne Wörter dehnend, überdehnend, bald mit feinem Stimmchen wispernd, alle Wörter eines Satzes verschleifend, und dies beides mit sprechender Mimik und ausladender Gestik begleitend und unterstreichend: Doctor Döblinger in Positur, „aufgeberstelt und aufgetümmelt", wie es in den „Merowingern" von ihm heißt (Weber, 1972, S. 180).

Dietrich Weber gibt nur den Eindruck anderer Doderer-Leser wieder, wenn er bis zu diesem Zeitpunkt der Überzeugung war, Doderer sei in den „Dämonen" in dreifacher Aufspaltung vertreten und objektiviert: als Schriftsteller Kajetan von Schlagenberg (alias Dr. Döblinger), als angehender Historiker René von Stangeler und als „Chronist" Georg von Geyrenhoff, „der diese beiden hinter sich gelassen hat":

> Ich sah es jedenfalls so und bemerkte erst später, daß und wie sehr ich damit auf die Rhetorik des Buches hereingefallen war, daß Doderer den Sektionsrat (der, wie ich heute auch auf Grund anderer Indizien zu wissen glaube, gar keine autobiographische Figur ist) nur vorgeschaltet, als Vehikel benutzt und allerdings auch benötigt hat, um einen auch nur einigermaßen objektiven Blick auf sich selbst werfen zu können, auf Stangeler und Schlaggenberg, auf Doctor Döblinger (ebd.).

In psychoanalytische Terminologie übersetzt: Geyrenhoff entspricht im Rahmen des Dodererschen Werkes (nicht nur in den „Dämonen", sondern auch in der „Strudlhofstiege", wo er kurz auftaucht) dem, was Sigmund Freud als „fiktives Normal-Ich" (Freud, 1937, S. 85), G. Benedetti als „buchführendes Ich" (zit. n. Loch, 1972, S. 322) bezeichnet hat. Die ununterbrochene innere Auseinandersetzung, die sich während des gesamten Romans zwischen Geyrenhoff und Stangeler, Geyrenhoff und Schlaggenberg abspielt, ist nur zu verstehen, wenn man diesen Hintergrund berücksichtigt.

„Wie auf den Gefechtsstande eines Artilleriebeobachters oder in einem Leuchtturme" empfindet sich Geyrenhoff selbst in der dem Roman vorangestellten „Ouvertüre", in der er auf seinen damaligen Zustand der Distanz zurückblickt oder wieder in ihn zurückkehrt (S. 7). Diese Distanz befähigt ihn, für andere Figuren der „Dämonen" als Vorbild, ruhender Pol zu fungieren, was Doderer einmal in der Formel „Jeder sein eigener Sektionsrat" zusammenfaßt. Aber Geyrenhoff könnte diese Aufgabe eines fiktiven Normal-Ichs nicht erfüllen, wenn ihm nicht selbst ein Vorbild vor Augen stünde. Genau genommen sind es sogar zwei – was wiederum die (zeitweise) Verwirrung erklärt, der Geyrenhoff im Lauf des Romans anheimfällt. Für andere Protagonisten ein in sich selbst ruhendes Vorbild, ist er alternierend an zwei gegensätzlichen, bestenfalls komplementären Sehweisen orientiert, was schon darin zum Ausdruck kommt, daß der Maler und Schriftsteller Scolander, dem in der Bewußtseinshierarchie der „Dämonen" der höchste Platz eingeräumt wird, dennoch im Roman als seine Pythia (S. 1163), als ein weibliches Wesen figuriert. Indem er immerfort den richtigen Abstand vom Objekt zu suchen scheint, „als schraube er an sich selbst wie an einem Perspektiv, ständig seine Optik korrigierend" (ebd.), vermittelt er einen Standard genauen Sehens, der dem eines komplizierten optischen Gerätes, einer Kamera entspricht. Und doch ist ihm als sein Gegenpol und alter ego die eidetisch begabte, im Tiefengeschoß der „Dämonen" sitzende Frau Kapsreiter zugeordnet, in deren Nähe alles in eine traumhaft-nächtliche, primärprozeßhafte Beleuchtung rückt: eine ausgediente Klingelvorrichtung wird in ihrer Vorstellung zur schreckenerregenden *Spinne* (S. 900). Wenn man berücksichtigt, wie fasziniert Doderer – Tagebucheintragungen zufolge – von dieser Figur war, bekommt man eine Vorstellung vom Ausmaß der inneren Spannung, mit deren Bewältigung und Auflösung Doderer sein „fiktives Normal-Ich" Geyrenhoff beauftragt.

Geyrenhoff bildet so das Gegengewicht zu der Fülle Dodererscher Protagonisten, die ihres Lebens nicht Herr werden und es wie Kajetan von Schlaggenberg nur zur „Etablierung eines Affentheaters auf dem Trümmerfeld des eigenen Lebens" bringen, „worin stets der tief pessimistische Zug des Grotesken beruht" (S.671). Von René Stangeler heißt es, daß er in zwei Leben zerschlagen ist, „in ein erstes und ein zweites, und von diesem in jenes wollte, und es ebensowohl oft in einer Art maulwurfsblinder Leidenschaft durchaus nicht wollte und um keinen Preis" (S. 52). Es ist von Furcht die Rede, „die manchen angerührt hat, der irgendwo hinaustreten sollte, und dabei vermeinte, er müsse nun hinein in etwas, das ihn umschließen würde" (1113). Manche Protagonisten haben ihren primären Raum überhaupt nie verlassen und ihn statt dessen mit phantastischen Gebilden ausgestattet wie der „Drakontologie" Josef Mayrinker, der auf der Suche nach den Drachen und Schlangen der Urzeit mit Vorliebe die „obere Kahlheit des Raumes (des Mayrinker-Raumes)" betrachtet, „wohin man sonst selten schaut" (S. 1183). Eine andere Variante des in seiner Phantasie gefangenen Protagonisten ist der amerikanische Insektenforscher Dwight Williams, der sich vom Phänomen des „Dimorphismus" fasziniert fühlt – der Tatsache, daß bestimmte Schmetterlinge im Frühjahr ganz anders aussehen als im Sommer, weshalb man sie „einst für verschiedene Arten gehalten hat" (S.

29). Als Wissenschaftler gewohnt, alle Wahrnehmungen einer strengen Verstandeskontrolle zu unterwerfen, versucht Williams es in seinem Privatleben ähnlich zu halten und die Tatsache, daß ihn zwei Frauen zu gleicher Zeit faszinieren, als etwas Subjektives und Persönliches anzusehen; doch widmet er sich der Aufgabe, beide in Übereinstimmung zu bringen, dann mit einer Besessenheit, der – jenseits der Alternative wissenschaftlich oder privat – etwas „Dämonisches" anhaftet.

Mit anderen Worten: Doderers Protagonisten befinden sich fast ausnahmslos auf der Suche nach den zusammengehörigen Bruchstücken eines Bildes (vom Objekt oder von der Welt), die miteinander ein Ganzes zu bilden imstande sind; doch befinden sich die Protagonisten nicht im Besitz des Schlüssels oder Codes, nach dem das Bild zusammenzusetzen wäre. Doderers Roman als Gesamtgestalt spiegelt dieses Problem genauestens wider. Beim einzelnen Protagonisten geht diese Überforderung seiner Erkenntnis- und Integrationsmöglichkeiten oft mit einem Zustand der Entfremdung – Depersonalisation und Derealisation – einher. Das ist regelmäßig bei „Quapp" der Fall, Kajetan von Schlaggenbergs Schwester Charlotte, die sich in Wien auf eine Orchesterlaufbahn als Geigerin vorbereitet; sie wird nach absolviertem Probespiel von Zuständen heimgesucht, in denen ihr eigenes Gesicht ihr „fremd" wird:

> Merkwürdig war's, daß sie in solchen Lagen immer, und auch heute, hier und in diesen Augenblicken, eine Veränderung im Gesicht störte: als überwüchse dieses eine Maske.
> Es war, als würde das Antlitz starr und leblos.
> Die Züge unbeweglich, wie unter dem hart werdenden Gusse irgendeiner Masse liegend, etwa Paraffin, oder dergleichen; sie kannte das gut, von der Behandlung ihrer Skier her.
> Ein langsames, ein lahmes, ein pappiges Gesicht (S. 177).

Dieses fremde Gesicht, das „Quapp" in Augenblicken der Erschöpfung und Abspannung an sich wahrnimmt, kommt für Außenstehende zum Vorschein, wenn sie sie in einer Auseinandersetzung erleben. Kajetan hat einen Streit Quapps mit ihrer Erzieherin als das Auftreten eines „schrecklichen Fremdkörpers" in Erinnerung: „Ihr Gesicht – das gute, breite, runde Kindergesicht – schien förmlich herabgefallen und ein fremder, steinerner Mensch sah darunter hervor" (S. 1076). Auch Quapps Freund, der ungarische Pressezeichner Imre Gyurcicz – mit dem sie nach ihrer Übersiedlung nach Wien zusammenlebt –, erschrickt über ihr verändertes Gesicht, „weil ihm als Zeichner die Veränderung natürlich nicht entging, während sie ja zugleich in irgend einer Weise Imre's ganze naturalistische Zeichnerei über den Haufen warf" (S. 946).

Der hier in Worte gefaßte Gegensatz von naturalistischer Zeichnung und hinter ihr verborgener Dynamik sagt zugleich einiges über die Idee und Anlage der „Dämonen" aus. Quapp empfindet an allen Dingen eine „unbekannte Rückseite, die aus bedrohlichen Gründen erwächst, dort angewachsen ist, von dort genährt wird" (S. 1000). Als sich bei einem Ausflug ins Burgenland eine unbekannte, offensichtlich psychotische Frau an ihre Fersen heftet, kann sie sie nicht wieder loswerden, als hätte sie insgeheim ihresgleichen in ihr erkannt. Hervorgehoben wird auch Quapps stete Angstbereitschaft, etwa auf ihrer Fahrt zu einem Probespiel:

> Es war, als fiele sie rasch durch einen Stoff von geringerer Dichte, der sie kaum trug, der sie hindurchsinken ließ in beschleunigtem Falle. Es war befremdlich. Nichts hielt sie auf, aber es hielt sie auch nichts mehr. Doch war alles von fein verteilter Angst erfüllt, die gewissermaßen anonym blieb, sich kaum als Akzent irgendwo niederließ, für einen Augenblick vielleicht am Gesicht eines böse dreinsehenden knebelbärtigen alten Mannes in der Straßenbahn, oder, in verteilterer Weise, auf der einhellig grauen Front eines vielstöckigen Hauses (S. 1005).

Hatte Quapp noch kurz zuvor ihrer Geige einen Reichtum des Klanges entlokken können, der mehrere Passanten vor ihrem geöffneten Fenster innehalten ließ, so ist mit dem Absetzen der Geige und dem Weitergehen der Passanten wieder ein Versickern ihres Selbstgefühls verbunden. Beim Vorspiel ist ihr zumute, als fehle ihr ein Teil des rechten Arms:

> Er bestand aus Luft. Mit einer wahrhaft furchtbaren und verdüsterten Anstrengung setzte sie ein, die Tonhöhe freilich rein treffend, aber ihr Strich war ganz nichtig; der Einsatz geschah sozusagen fast zweimal, zwischen der allerersten Intonation und dem folgenden – obendrein war es zunächst eine ganze Note – lag ein winziges Vacuum. Sie wußte es, sie fühlte es nach, während sich jetzt ihr Spiel etwas erkräftigte. Die folgende Stelle – Staccato – wurde wahrlich von ihr beherrscht, aber der fast heisere kranke Einsatz vergiftete nachwirkend alles durch und durch, sie befand sich einmal nur linienbreit davon entfernt, etwas ganz Falsches zu spielen, oder Sinnloses zu tun, die Geige fallen zu lassen (S. 1007).

Was Doderer hier aus Anlaß des mißlingenden Vorspiels zu beschreiben versucht, entspricht dem, was Michael Balint in seinem gleichnamigen Buch – „The Basic Fault" – als *Grundstörung* herausgearbeitet hat; auch ist es kein Zufall, daß Doderer das Motiv des nicht vorhandenen oder lahm herabhängenden Armes durch den Roman hindurch immer neu abwandelt. Um ein bestimmtes beeinträchtigtes Lebensgefühl zu kennzeichnen, gebraucht René Stangeler – Doderers wortgewandtester Protagonist in der Artikulation von Grenzerfahrungen – das Bild eines Vogels, dessen eine Schwinge herabhängt, „als wär' ein Stück von mir abgebrochen und verdorben, und als verpestete es jetzt den ganzen Leib" (S. 368). Das bezieht sich an dieser Stelle noch nicht ausdrücklich auf Quapp, obwohl das Bild des verstümmelten Vogels im Lauf des Romans immer eindeutiger zu ihr in Beziehung gesetzt wird.

Wenn dies gewissermaßen die tiefste Schicht ist, in der die Gründe für Quapps Versagen zu suchen sind, so gibt es außerdem noch eine andere, von Doderer nicht weniger genau bezeichnete: Quapp fühlt sich nicht nur in entscheidenden Augenblicken von ihrem Selbstgefühl im Stich gelassen; sie trägt auch selbst dazu bei, indem sie jede Gelegenheit benutzt, einer übermäßig fordernden Über-Ich-Instanz auszuweichen. Johannes Cremerius hat in zwei 1977 erschienenen Arbeiten Wesentliches zur Dynamik dieser Störungsform beigetragen, bei der das Über-Ich als Fremdkörper, Quelle ständigen Unbehagens empfunden wird. Man vergleiche Doderers Beschreibung von Quapps mangelhafter Arbeitsdisziplin:

> Da sanken plötzlich ihre Hände herab. Ein Angstgefühl packte sie, als würde die Luft dünn und alles wieder arm und tot: zu oft hatte sie, in ihrem Glück bei solchen ‚Durchbrüchen' wie heute vormittags, die ja eigentlich das Normale ihres Werktages hätte bilden sollen, vor Freude gleich über die Stränge geschlagen, mit einem allzuguten Gewissen, und sich etwa durch freie Nachmittage oder irgendwelche Zerstreu-

> ungen belohnt – nach Hause kommend aber das ihr zuteil gewordene Gnadengeschenk gar nicht mehr vorgefunden. Der nächste Vormittag wurde dann unweigerlich zur Hölle, man tat Sinnloses, lief Dummheiten nach, unter dem Vorwande, daß sie eben nötig seien, aber in Wahrheit nur, um jetzt nicht geigen zu müssen. Man war zu jedem Mißverständnis, zu jedem Streit sogleich bereit, in jener dumpf bohrenden Gereiztheit, die von der Schuld herkommt (S. 177–178).

Auf solche Selbsterfahrungen bezieht sich Doderer, wenn er von Quapp sagt, sie sei „von jedweder Bereitschaft, die doch immer und überall gefordert wurde, wie durch eine zähe, weiche Scheidewand getrennt" (S. 439), oder wenn er immer wieder ihre Unfähigkeit, „sich noch rechtzeitig loszureißen" (S. 831), ihre „habituelle Unwissenheit" (S. 13449 hervorhebt.

Das Bild, das auf diese Weise von Quapp entsteht, ist so treffsicher, detailgetreu und klinisch genau, daß sich der Leser fragt, auf welchem Wege es Quapp jemals zu einem Gefühl der Hoffnung bringen soll. Doderer hat auch dies in Worte gefaßt, wenn er auf die besondere Rolle des Schlafs in Quapps Leben hinweist:

> Sie schlief zu tief. Auch das gibt es Die Tiefsee des Schlafens mit ihrem kalten finsteren Boden, zu dem sich einer herunterfallen läßt wie ein Stein, ist leblos – sie will das Leben nicht – sie löst nicht sanft, so wie's die mittleren Schichten vermögen, in denen der Schläfer schwebt, und fast neugierig von einem Traum in den anderen. Es gibt eine Art des steinernen Einschlafens, die etwas von vorübergehendem Selbstmord an sich hat: für eine Nacht. Morgen – alles. Heute nichts, das Nichts (S. 865).

Es liegt in der Natur der Sache, daß solche Genauigkeit der psychopathologischen Darstellung etwas Statisches mit sich bringt, das dem Wesen des Epischen nur zum Teil entgegenkommt. Wer in den „Commentarii 1951–1956" die Entstehungsgeschichte der „Dämonen" verfolgt hat, weiß, daß Doderers Roman leicht das gleiche Schicksal wie Robert Musils „Mann ohne Eigenschaften" hätte erleiden können. Es liegt nahe, die zahlreichen bissigen Bemerkungen Doderers über Musil von dieser Gefahr her zu verstehen: „Robert Musil kann bekanntlich nicht erzählen und will es also auch nicht"; „die im Essayismus erstickende fadendünne Handlung bei Musil"; Doderer widerspricht der Meinung, daß Romanhandlungen etwas Überwundenes darstellen, und daß man „ab Robert Musil in dieser Hinsicht nur mehr mit Wasser zu kochen habe" (Doderer, 1970, S. 140, 165, 169). Hier kommt der „Chronist" Geyrenhoff zum Zuge; indem er sich aus einer statischen, distanzierten, beobachtenden Position zunehmend herausentwickelt, bringt er zustande, was Doderer an der zuletzt zitierten Stelle die „Wiedereroberung der Außenwelt" nennt.

Geyrenhoff, der in der „Ouvertüre" des Romans eine Charakterisierung seiner Person und seines Pensionisten-Standes liefert – auf eine Weise, die an das Anfangskapitel des „Doktor Faustus" erinnert, ohne wahrscheinlich davon beeinflußt zu sein –, berichtet, daß ihn günstige Vermögensverhältnisse in den Stand setzten, den österreichischen Staatsdienst vorzeitig zu verlassen. So führt er ein ruhiges, gesichertes und sogar sorgloses Leben, das von dem der anderen Protagonisten bemerkenswert absticht:

> An Zeit gebrach es mir demnach nicht mehr, und ich war auch frei von allem, was man so gemeinhin Sorgen nennt; zudem Junggeselle. In Ermanglung von Sorgen schuf ich mir indessen welche, wie dies eben alle Menschen tun. Nur waren diese

neuen Sorgen leichterer, ja fast möchte ich sagen, tändelnder Art, zumindest für den Anfang (S. 9).

Geyrenhoff beginnt, „für eine ganze Gruppe von Menschen (und das sind vornehmlich jene, die ich späterhin kurz ‚die Unsrigen' nennen werde) ein Tagebuch zu führen" – die (fiktive) Chronik, auf der Doderres Roman fußt. Indem aber zur Gruppe der „Unsrigen" eine Reihe problematischer, ja hoffnungsloser Figuren zählt, wird Geyrenhoff unweigerlich auch mit deren Problematik konfrontiert, die unvermittelt, wie eine dämonische Macht, in sein kontemplatives Leben einbricht. Sie ruft einen Zustand der Entfremdung hervor, der mit den beschriebenen Zuständen Quapps eine deutliche Verwandtschaft aufweist.

Geyrenhoff fühlt sich nämlich beim Schreiben seiner Chronik – „Eben noch bei bestem Wohlbefinden" – „in unangenehmer Weise angeschienen, ja, fast möchte ich sagen angeschaut"; wie der Drakontologie Josef Mayrinker blickt er in Richtung des Winkels, wo Zimmerwand und Zimmerdecke zusammenstoßen:

> … Von daher kam es nämlich, von dort oben. Dort saß es. Als befände sich da an der doch leeren Wand ein ganz hochgehängtes Bild, das einer Frau, einer schönen sogar, mit dunklen Haarflechten, deren Antlitz voll Hohn, Geringschätzung und grenzenloser dummer Anmaßung in mein Zimmer, in mein Leben und Treiben, in meine Notizen, in meinen Umgang, ja, in die ganze belebte Höhlung meines derzeitigen Daseins überhaupt hereinsah, so daß mir alles knochenhaft erbleichte und geradezu in Lächerlichkeit abstarb, alles: Döbling, die Scheibengasse, René, Camy von Schlaggenberg und Kajetan selbst. von den ersten Ansätzen zur Chronisterei ganz zu schweigen (S. 54).

Nicht nur Geyrenhoffs Chronik wird von dieser Erfahrung bedroht: sein eben noch vorhandener Wunsch, einer Frau seine Liebe zu offenbaren, erscheint im Licht der Vergeblichkeit. Er ist, mythologisch gesprochen, dem Blick der Meduse begegnet und der mit ihm verbundenen Versteinerung anheimgefallen: eine Erfahrung, die aufgrund von Doderers Knüpftechnik das nur Persönliche überschreitet und sich unterschwellig mit dem Erleben der anderen, ebenso gefährdeten Figuren verbindet. So greift die gleiche Erstarrung und Versteinerung im Leben Quapps aus noch größerer Tiefe an, ohne sich in ihrem Fall mit einem Bild, einer Vorstellung, einer Erinnerung verbinden zu können: sie bemerkt lediglich die Veränderung ihrer Physiognomie. Da es in ihrer Umgebung oder bewußten Erinnerung kein Gegenüber gibt, mit dem sie diese Wahrnehmung in Beziehung setzen könnte, läßt sich die Veränderung nicht objektivieren, nicht zum Gegenstand der Reflexion machen. Das fehlende Bild – von dem sie nicht einmal zu denken vermag, daß ein solches Bild in der Welt existiert – muß von jemand anders „gedacht" und hervorgebracht werden; es gewinnt in der Vorstellung des reflektierenden Chronisten erstmals Kontur. *Er* besitzt das Bild, das Quapp fehlt, und wandelt dieses „Intervall" (ein Wort, das Doderer in seinem Roman wieder und wieder gebraucht) allmählich in eine Beziehung um, die ihnen beiden zu leben hilft. Daß jene Frau, die ihn einst als Adoleszenten so sehr verstört hat, Quapps leibliche Mutter war, die sie bei der Geburt fortgegeben hat, ist ein Stück Romanintrige; sieht man jedoch Quapp und Geyrenhoff als Facetten einer einzigen Person, ist die zweifache Wahrnehmung des dämonischen Introjekts (in seiner internalisierten und seiner externalisierten Form), ein dichterisch-psychologischer Kunstgriff, der Dinge darstellbar macht, die dem vorsprachlichen, vor-psychologischen Bereich anzugehören scheinen.

Die Selbstanalyse, die sich an Geyrenhoffs Entfremdungszustand anschließt, kommt auf die Dauer nicht nur ihm selbst, sondern auch Quapp zugute. Wie er sich erinnert, hat er aus der Kindheit die angstvoll gefärbte Vorstellung eines minotaurischen Wesens mitgebracht, „das wie eine mächtige Spinne an der Decke oben saß, grad wo diese mit der Wand zusammenstieß":

> Das Geschöpf bestand jedoch aus Holz und Drähten. Es hatte auch einen Namen. Ich rang danach, ihn jetzt wieder zu finden, ganz vergeblich. Mir wurde aber dabei doch mehr und mehr so zumute, als hätte mich etwas ganz Fremdes betreten, was durchaus nicht von mir her kam, und also gar keine Kindheitserinnerung sein konnte. Ein Fremd-Gang. Jetzt fiel mir ein, daß René Stngeler seine seltsamen Exkursionen in entlegene Stadt-Teile so zu nennen pflegte. Damit war alles verschüttet. Es versank (S. 1090).

Derartige Zustände, in denen sich Geyrenhoff „wie von einer fremden Wesenheit bewohnt" fühlt (S. 967), kehren immer wieder und färben beispielsweise den Blick, mit dem er die „menschensammelnden Riesenburgen" der Gemeinde Wien betrachtet. Doch gilt Geyrenhoffs böser Blick weniger der anonymen, menschenfeindlichen Architektur, sondern fast mehr noch dem darin untergebrachten Leben – etwa dem überkommenen Hausrat, der von den Bewohnern als letzter Rest von Vertrautem in die neue Bleibe mitgenommen wird:

> … und am Ende war alles wieder gleichzeitig, das frühere und das jetzige, ganz und gar durcheinandergestellt, und das Neue wurde mit dem alten alt und verrottete ebenso (S. 967).

Es wird mit anderen Worten ein Stillstand suggeriert, von dem sich Geyrenhoff auch in seinem Privatleben bedroht fühlt: eine „Spinne im Zentrum des Netzes" (S. 965), reglos im Innern des von ihr gesponnenen Gewebes sitzend.

Geyrenhoff ist aber nicht so sehr identisch mit der Spinne – als einem Symbol der bösen, aussaugenden Mutter (Karl Abraham, 1972) –, sondern mehr noch mit einem ihrer Opfer, die sich im Netz verfangen haben. Als Sechzehnjähriger ist er im Hause seiner Mutter – wie Doderer pointierend hervorhebt – einer jungen Frau begegnet, die ihn zunächst durch ihre außerordentliche Schönheit und in einem weiteren Schritt durch ihre maßlose Arroganz beeindruckte. „Mir fuhr diese sinnlose Abscheulichkeit derart in die Knochen", erinnert sich Geyrenhoff, „daß ich damals durch Tage davon eine Art Nachgeschmack hatte, als läge mir etwas Verdorbenes im Magen" (S., 114). Offensichtlich handelt es sich bei der jungen Frau – Gräfin Charagiel, geborene Claire Neudegg – um die Urheberin, das Urbild des Introjekts, das Geyrenhoff beim Abfassen seiner „Chronik" so nachhaltig zu stören vermocht hat. Sie tritt zwar im Roman nicht persönlich in Erscheinung, doch setzt sich aus den Eindrücken verschiedener Personen mit der Zeit ein Mosaikbild zusammen, das sie als Inbegriff des im Romantitel genannten Dämonischen, als bösen weiblichen Dämon ausweist. „Sie hat den gelben Punkt gesehen, der sich bewegte", heißt es in der Beschreibung einer Episode, in der sie auf einen Vogel schließt, „sie wollte treffen, es lag ein ungeheurer Reiz darin, diesen Punkt zu treffen" (S. 845). Die Episode hat sich auf der Kärnter Burg Neudegg abgespielt, auf der die Charagiel ihre Kindheit und Jugend verbracht hat: Hier ist es auch, wo René Stangeler auf seiner historischen Exkursion auf ein Kinderbild stößt, das ihn stark an Quapp erinnert. Aber er verwirft alsbald die Möglichkeit, daß es sich um Quapp handeln könnte – Quapp hat ihre Kindheit ja in der Familie Schlaggenberg verbracht –, und es bleibt nur der allgemeine Eindruck eines Kindergesichtes „von weitester Zugänglichkeit, gegen die Welt geöffnet wie der Schnabel eines jungen Vogels, der von da draußen nichts anderes erwartet, als die Mutter, die Futter bringt" (S. 718).

Dem Leser wird an dieser Stelle der Eindruck einer Quapp vermittelt, die noch nicht von der Erfahrung eines inneren Bruches geprägt und darum von René nicht identifizierbar ist. Die „Identifikation" wird statt dessen von Geyrenhoff vollzogen, der Quapp in ganz andere physiognomische Zusammenhänge einordnet, als sie ihre Zugehörigkeit zur Familie Schlaggenberg nahelegt:

> ... Ich kam erst vor einigen Wochen zufällig auf diesen Sachverhalt, an einem Sonntagmorgen, und noch beinahe im Halbschlafe. Zwischen Schlaf und Wachsein fallen dem Menschen oft die merkwürdigsten Dinge ein, und mitunter ist wohl auch Wesentliches dabei. Seither nun ist mir diese seltsame Ähnlichkeit klar geworden. Übrigens sieht das Fräulein von Schlaggenberg nicht immer so aus, einmal mehr, einmal weniger und mitunter auch ganz anders (S. 15).

Die Ähnlichkeit bezieht sich an dieser Stelle auf Quapps physiognomische Verwandtschaft mit ihrem (ebenfalls in der Versenkung verschwundenen) leiblichen Vater, dessen Rolle Geyrenhoff gewissermaßen erbt – womit sich zwischen ihm und Quapp eine Vater-Tochter-Beziehung herstellt. Der zweite und weitaus schwerere Schritt – Quapps Identifizierung als Tochter der Charagiel – vollzieht sich langsamer und gegen den massiven Widerstand, den Quapps Umwelt gegen die Möglichkeit solcher Identifizierung aufgebaut hat. Auf dem Höhepunkt fühlt sich Geyrenhoff in das Netz oder Gespinst, das Quapp gefangenhält, geradezu verstrickt: „Ja, wirklich verstrickt. Ich spürte den Zug sozusagen schon in den Grundfasern. Hier war ein Gespinst, das ich hatte beherrschen wollen. Nun durchwuchs es mich" (S. 1065).

Der Widerstand, gegen den sich Geyrenhoff bei der Identifizierung Quapps durchsetzen muß, läßt sich in erster Linie ablesen an der Dämonisierung, „Verteufelung", die Quapps Mutter – besagte Charagiel – in der Familie Schlaggenberg erfahren hat. „Ein Reptil mit aufrechtem Gang" wird sie von Kajetan apostrophiert (S. 1067) – eine Charakterisierung, die die Tendenz zeigt, sich auch auf die Beziehung Kajetans zu anderen Frauen auszudehnen (S. 1341). Mit anderen Worten: Quapp ist ihre gesamte Kindheit hindurch mit etwas verglichen worden, wofür ihr selbst (und ebenso ihrer Umwelt) jeder realistische Maßstab gefehlt hat. Die Familie Schlaggenberg hat sie – angstvoll gewissermaßen – auf ein „falsches Selbst" verpflichtet, von dem Kajetan nachträglich einräumt, daß es Quapp um das Bewußtsein ihrer Vollständigkeit gebracht hat; doch hält er an der Überzeugung fest, dadurch sei ihm und anderen etwas „erspart" worden. Zu einem Zeitpunkt, zu dem diese Dinge bereits sprachfähig geworden sind, äußert er im Gespräch mit Geyrenhoff:

> ... Wir aber, Sie und ich, wir vermögen jetzt wirklich zu erkennen, was uns da erspart geblieben ist: von seiten Quapps nämlich. Weil sie uns liebt. Ganz einfach ist das, und es gilt für Sie und für mich. Liebe oder Schmerz treiben das Beste, was einer hat, auf die die Spitze: es ist diese fortgeschrittenste Seite in Quapps Wesen gerade diejenige, welche sich uns zukehrt. Glauben Sie jedoch keineswegs, daß Quapp immer nur daraus allein besteht! Schon gar, wenn sie allein ist, wenn wir sie nicht sehen ... und gerade darum würden wir, unter bestimmten eingetretenen Umständen – die Rückseite eines um seine Achse schwingenden Mondes zu schauen bekommen, anders: Quapps bisher noch gar nicht zum Durchbruch gelangte, sozusagen zweite Biographie (S. 1077)

Im Licht dieser Äußerung, die gewissermaßen repräsentativ ist für den Stil der Verheimlichung, in dem Quapp erzogen worden ist, erweist sich ihr Status in der Familie Schlaggenberg als Sonderfall eines „falschen Selbst" (Winnicott, 1974). Vertrautheit mit dieser Pathologie scheint Doderer in den Stand gesetzt zu haben, ein so genaues Bild eines Menschen zu zeichnen, der sich über seine Herkunft, seine Identität, sein „wahres Selbst" nicht im klaren ist – wie es von der Natur der Sache her auf die Situation eines adoptierten Kindes zutrifft.

Geyrenhoff wird dann Zeuge, daß Quapps habitueller Zustand von Unvollständigkeit, Antriebsarmut, Flügellahmheit für einen idealen Augenblick verschwindet, aufgehoben erscheint: „Durch einen winzigen Augenblick vermeinte ich's fast zu fühlen, wie es sie dahinriß" (S. 1152). Als sich Quapp am Ende des Romans aus ihren bisherigen Bindungen löst, läßt sie auch den mit ihrer Geige verbundenen Leistungs-, Über-Ich-Druck hinter sich. „Sie war versetzt", heißt es,

> fast atemversetzt und begriff zunächst nur, daß man sich in rascher, windziehender Fahrt immer mehr von jener Stelle der Kärntner-Straße entfernte, wo am Rande des Trottoirs ihr Geigenkasten stehen geblieben war, der sich doch hier im Wagen befand (S. 1009).

Der auf dem Trottoir stehengebliebene und zugleich im Auto mitgenommene Geigenkasten bringt Quapps von jeher bestehendes Trennungsproblem in adäquater Form zum Ausdruck: über ihre Geige hat es Quapp zu einer Lösung vom Elternhaus, einer autonomen Leistung zu bringen gehofft; über ihre Geige – deren sie nicht Herr wird – droht sie für immer dem Problem verhaftet zu bleiben. Die Geige repräsentiert ein Übergangsobjekt, das seinerseits bindende, festhaltende Eigenschaften entfaltet – weshalb es nicht verwunderlich ist, daß Quapp auf das Mißlingen des Probevorspiels mit paradoxer Erleichterung reagiert:

> Im Augenblick erkannte sie erst, daß der Dirigent irgend etwas von ihr glatt abgeschnitten hatte, ein Ding wie einen Kropf, oder ein Geschwür oder etwas dergleichen, woran sie mit ihrem ganzen Leben, ja, wirklich schon seit der Kindheit, festgewachsen gewesen war (S. 1008).

Als Quapp am Ende des Romans Wien verläßt und andere Bindungen eingeht, bleibt dieses Gespinst am Ort zurück, wo sich jetzt die anderen Protagonisten mit ihm herumzuschlagen beginnen. Kajetan wendet die freigewordene Bezeichnung „Reptil" alsbald auf andere Frauenfiguren an (S. 1341), und Geyrenhoff reagiert ambivalent, als Quapp versäumt, nach ihrem früheren Freund Imre zu fragen, der bei Straßenunruhen ums Leben gekommen ist. Er reagiert mit anderen Worten, als ob er selbst das zurückbleibende Übergangsobjekt wäre – womit sich im Augenblick der Trennung die Rollen vertauschen:

> Noch konnte ich Quapp deutlich ausnehmen, klein, Bewohnerin eines Fünkchens, das im Finstern entschwand. Mir war in diesen Augenblicken, als sollte ich weder sie, noch irgend jemand von der Gruppe, die mit erhobenen Armen und winkenden Tüchlein auf dem sonst fast leeren Bahnsteige stand, jemals im Leben wiedersehen.

Geyrenhoff verleiht hier – als „buchführendes Ich" des Autors – der Trennungsangst Ausdruck, die Doderer bei der Ablösung von seinem Roman (fast dreißig Jahre nach dessen Konzeption) empfunden haben muß. Das charakterisiert die „Dämonen" als gigantisches Übergangsobjekt, aber ein Übergangsobjekt, das nicht weggelassen oder vergessen wird, sondern wie Quapps halb weggeworfene, halb mitgenommene Geige der Ambivalenz verfällt. So wie es Menschen gibt, die sich nur gewaltsam ablösen können, gibt es auch literarische Werke, denen nur eine Überbrückung der darunter bestehenbleibenden Spaltung gelingt. Insofern ist die Geschichte Quapps – als „novellistischer Kern" des Romans – von pathognomonischer Bedeutung für das ganze Werk und eignete sich in besonderer Weise für die Herausarbeitung der ihm zugrundeliegenden Ambivalenz- und Trennungsproblematik.

Herkunftsthematik im Nibelungenlied:
ihre Verarbeitung bei Wagner und Hebbel

Die Tatsache, daß der Nibelungenstoff von Edda und mittelhochdeutschem Epos unterschiedlich überliefert wurde, hat die Phantasie späterer Dichter immer mächtig gereizt. In der Edda – ich beziehe mich auf das Lied vom Drachenhort in der Übersetzung Felix Genzmers (1964, S. 155) – ist Sigurd Sohn eines unbekannten Mannes, auch selbst noch unbekannt. Vom sterbenden Drachen Fafnir nach seiner Herkunft befragt, sucht er diesen Umstand zu verschleiern und beruft sich auf einen grandios-monströsen Sonderstatus:

> Wundertier heiß ich; gewandert bin ich,
> ein mutterloser Mann.
> Keinen Vater hab ich, wie das Volk der Menschen
> ging immer einsam.

Erst als Fafnir droht, ihn einen Lügner zu heißen – Lügner vielleicht auch, was die Überwindung des Drachens anbetrifft –, rückt Sigurd-Siegfried mit der Wahrheit heraus:

> Unbekannt wird meine Abkunft dir sein
> und nicht anders auch ich:
> Sigurd heiß ich, Siegmund hieß mein Vater,
> des Waffe dich überwand.

Zwischen Heldentat und Herkunft des Helden bleibt hier eine Diskrepanz, die die Edda mit ihrem lückenhaften Text nicht schließen kann. Aber selbst noch im mittelhochdeutschen Nibelungenlied fällt auf, daß Siegfried über eine doppelte oder gespaltene Identität verfügt. Sohn eines Königs – der auch hier Siegmund heißt –, willigt er ein oder verwahrt sich zumindest nicht gegen die Zumutung, als Vasall König Gunthers in Erscheinung zu treten. Es ist bekanntlich diese Diskrepanz von Erscheinung und wahrem Ich, die – von den miteinander rivalisierenden Frauen aufgegriffen und zur Frage ihrer Vorrangstellung gemacht – Siegfrieds Untergang verschuldet. Der „hürnerne" Panzer Siegfrieds weist so auch in der deutschen Überlieferung eine Lücke auf, die man mit der Vorsicht, die besonders bei alten literarischen Texten geboten ist, als „Lücke" im Selbstwertsystem, als des Helden sprichwörtliche Achillesferse interpretieren kann.

Siegfried ist auch bei Richard Wagner – in Übereinstimmung mit der Überlieferung der Edda, obwohl er seinen „deutschen" Namen trägt – vater- und mutterlos. Da seine Eltern im Inzest miteinander lebten, brachten sie die Götter gegen sich auf und wurden von ihnen vernichtet. Brünnhilde – auch sie, als Walküre, göttlicher Herkunft – rettete das eben erst geborene Kind und brachte es in Sicherheit. Als der erwachsen gewordene Siegfried ihr begegnet, bekennt sie sich zu den Gefühlen einer Mutter ihm gegenüber, hat also die Funktion der leiblichen Mutter Sieglinde voll übernommen:

> Du warst mein Sinnen,
> mein Sorgen du!
> Dich Zarten nährt' ich,
> noch eh' du gezeugt;
> noch eh' du geboren,
> barg dich mein Schild (...)

Die Funktion der leibnahen Betreuung übernahm der Zwerg Mime – der Regin der Edda –, nur daß die Elterngefühle bei ihm zwiespältiger Natur sind; ihm lag vor allem daran, in Siegfried den Überwinder des Drachens großzuziehen:

> Als zullendes Kind
> zog ich dich auf,
> wärmte mit Kleidern
> den kleinen Wurm:
> Speise und Trank
> trug ich dir zu,
> hütete dich
> wie die eigene Haut.

Drittens jedoch ist Siegfried – in der musikalisch als „Waldweben" berühmt gewordenen Szene – mit den ihm vorschwebenden Wunschbildern seiner leiblichen Eltern beschäftigt; daß Mime nicht sein leiblicher Vater sein konnte, ist ihm immer selbstverständlich gewesen:

> Wie sah mein Vater wohl aus? –
> Ha! gewiß wie ich selbst!
> Denn wär' wo von Mime ein Sohn,
> müßt' er nicht ganz
> Mime gleichen?

Oder, die Mutter betreffend:

> Aber – wie sah
> meine Mutter wohl aus?
> Das kann ich
> nun gar nicht mir denken! –
> Der Rehhindin gleich
> glänzten gewiß
> ihr hellschimmernde Augen,
> nur noch viel schöner!

Siegfrieds Wunsch, nach der Begegnung mit Brünnhilde in die Welt zu ziehen und sein Glück zu erproben, verbindet sich unterschwellig mit der Suche nach den Eltern. Seine Bewegung ist progressiv, insofern sie ihn in die Welt trägt, und regressiv, als er darin etwas zu finden hofft, was unwiderruflich der Vergangenheit angehört. Als er in Gunther und Gutrune auf ein Geschwisterpaar stößt, das schon rein namentlich durch Symmetrie charakterisiert ist, steht dieses Paar gewissermaßen auch für Siegmund und Sieglinde; Siegfried wendet sich an Gunther:

> Dich hört' ich rühmen
> weit am Rhein:
> nun ficht mit mir
> oder sei mein Freund!

und, zu Gutrune gewandt:

> Die so mit dem Blitz
> den Blick du mir sengst
> was senkst du dein Auge vor mir?

Der Siegfried Wagners bildet offensichtlich keine echten Anhänglichkeiten, ist keiner echten Loyalität fähig. Auch wenn Wagner ihn durch den Vergessenstrank, den Gutrune ihm reicht, zu exkulpieren sucht: offenbar ist die Faszination, die von dem Geschwister-Eltern-Paar ausgeht, stärker als die Erinnerung an Brünnhilde.

In Friedrich Hebbels Nibelungen-Drama – zeitlich synchron zu Wagners Ring-Entwurf entstanden – ist nicht Siegfried, sondern Brunhild mit mythischem Format ausgestattet. So groß die Tendenz des Naturalisten Hebbel ist, die Menschen des Dramas wie gewöhnliche Menschen sprechen zu lassen: die erste Szene zwischen Brunhild und ihrer Vertrauten Frigga ist davon ausgenommen. Es geht um eine Enthüllung, die Geschichte einer geheimnisvollen Geburt und Herkunft, die Brunhild in ähnlicher Weise vorenthalten worden ist wie irgendeinem Adoptivkind der Neuzeit.

> Längst sollt ich dir erzählen. Heute ist
> Die Stunde endlich da

setzt Frigga ein, und Brunhild antwortet:

> Ich dachte schon,
> Sie werde erst mit deinem Tode kommen,
> Drum drängt ich dich nicht mehr.

Unter häufigem Nachfragen Brunhilds enthüllt Frigga, daß Brunhilds Mutter bei der Geburt starb und auch ihr Kind zunächst für tot galt. Ihre weitere Erzählung läßt daran zweifeln, daß es alles auf natürliche Weise zugegangen ist. Frigga erinnert sich:

> Urplötzlich trat aus unserm Feuerberg
> Ein Greis hervor und reichte mir ein Kind
> Mit einer Runentafel

Es ist, als hätte einer der alten Götter – Hebbels Drama spielt in nachheidnischer Zeit – ein spätgeborenes Kind göttlicher Herkunft in der Menschenwelt unterbringen, es gleichsam in ihr verstecken wollen. Das Kind hat sich der neuen Situation sofort angepaßt:

> ... Das Mägdlein aber streckte
> Die Händchen nach der goldnen Krone aus,
> Die auf dem Haupt der Toten funkelte,
> Und wunderbar, sie paßte.

Unaufhaltsam vollzieht sich in Brunhild die Erkenntnis, daß sie und das Kind identisch sind. Frigga bestätigt ihr jeden ihrer Erkenntnisschritte:

> Das Mägdlein war dem Kinde, das der Toten
> Im Arme lag, und das sogleich verschwand,
> Als wär es nie gewesen, an Gestalt
> So ähnlich, ja, so gleich, daß es sich nur
> Durchs Atmen unterschied von ihm; es schien,
> Als hätte die Natur denselben Leib

> für einen Zweck zweimal geschaffen und
> Das Blut bloß umgegossen.

Der Greis verschwindet wieder, wie er gekommen ist, und taucht im Drama nicht wieder auf. Diese Vorgeschichte, für die es in der Edda keine Entsprechung gibt, die also von Hebbel hinzuerfunden wurde, erweist sich im weiteren Verlauf als massive Hypothek. Wie das aus einem doppelten Ehebruch hervorgegangene und insofern dämonsch umwitterte Kind in Goethes „Wahlverwandschaften" läßt sich auch dieses Kind nicht taufen; die nacheinander zugezogenen Geistlichen werden – ein klares Goethe-Zitat – vom Schlag oder vom Tod ereilt. Brunhild fragt nach dem Ergehen des „Mägdleins", und Frigga antwortet:

> Wuchs und wurde stark,
> Und seine kindschen Spiele dienten uns
> Als Zeichen unsres Lassens oder Tuns
> Und trogen nie, wie´s uns die Runentafel
> Vorausverkündigt hatte.

Während das Kind hier noch – seiner geheimnisvollen Herkunft entsprechend – für seine gesamte Umgebung Impulsgeber ist, verliert er es im Lauf des Dramas diese Fähigkeit mehr und mehr. Im mittelhochdeutschen Nibelungenlied verschwindet Brunhild spurlos aus der Geschichte, nachdem sie Siegfrieds Ermordung betrieben hat; es ist, als sei ihr Geist auf Kriemhild übergegangen und äußere sich in deren grandioser Rachsucht. Bei Hebbel kommt es nicht zu dieser scheinbaren Vermischung der beiden Figuren; er läßt stattdessen Kriemhild einen Blick auf eine ihres Zentrums beraubte, in Siegfrieds Grabstätte hausende Brunhild tun. Ihr vampyrhaftes Dasein ist für ihre christliche Umgebung so schwer erträglich, daß Gunther schon Befehl gegeben hat, sie lebendig einzumauern; nur Friggas Dazwischentreten hat dergleichen verhindert. Das Mythologem eines halb menschlichen, halb göttlichen Kindes mündet in eine Spukgestalt; die selbstzerstörerische Komponente ist in Führung gegangen, die Person fast aufgezehrt. Der Vorsprung, den die geheimnisvolle, halbgöttliche Herkunft zunächst zu bedeuten schien, erweist sich auf die Dauer als Hindernis. In moderner psychologischer Terminologie ausgedrückt, schlägt die Selbstwertpathologie – wie sie auch in Siegfried-Sigurds Wendungen vom „Wundertier" und vom „mutterlosen Mann" anklang – so stark durch, daß jeder Ansatz zu kompensatorischen Strukturen – ein zentraler Begriff Kohuts (1979) – zunichte wird. Der Überblick über Adoptionsthematik im Märchen wird jedoch zeigen, daß dieser infauste Ausgang nicht unausweichlich ist. Es trifft zwar zu, daß häufig der archaische, ausweglose Aspekt den Ausschlag gibt; daneben jedoch finden sich Konfliktlösungen, die sich mit einer zukunftsbezogenen Perspektive vertragen. Und in dem Maße, in dem sich hoffnungsvolle Adoptivgeschichten abzeichnen, kommt der im Vorwort skizzierten Konfiguration – zwei Figuren sind in unterschiedlichem Ausmaß betroffen; eine von beiden kommt der anderen zuhilfe – eine immer größere Bedeutung zu.

Adoption im Märchen I:

„Marienkind"

In einer Reihe von Grimm'schen Märchen kommt das Motiv vor, daß eine mit übernatürlicher Macht ausgestattete Mutterfigur ein Kind an Kindesstatt annimmt, es – wie wir heute sagen würden – adoptiert. Das Kind erhält den Namen der neuen Mutter und heißt dann etwa „Marienkind" – wie im Märchen Nr. 3 der ursprünglichen Grimm'schen Sammlung. Der Text berichtet, daß ein Holzhacker und seine Frau nicht in der Lage sind, ein Kind aufzuziehen:

> Vor einem großen Walde lebte ein Holzhacker mit seiner Frau und seinem einzigen Kind, das war ein Mädchen und drei Jahre alt. Sie waren aber so arm, daß sie nicht mehr das tägliche Brot hatten und nicht wußten, was sie ihm sollten zu essen geben. Da ging der Holzhacker voller Sorgen hinaus in den Wald an seine Arbeit, und wie er da Holz hackte, stand auf einmal eine schöne große Frau vor ihm, die hatte eine Krone von leuchtenden Sternen auf dem Haupt und sprach zu ihm: „ich bin die Jungfrau Maria, die Mutter des Christkindleins, bring mir dein Kind, ich will es mit mir nehmen, seine Mutter seyn und für es sorgen." Der Holzhacker gehorchte und holte sein Kind und gab es der Jungfrau Maria, die nahm es mit sich hinauf in den Himmel. (Grimm, 1985, S. 13/14)

Für das Kind ergibt sich durch die Verpflanzung eine gespaltene Identität. Es erfreut sich des Überflusses, den seine neue Umgebung ihm bietet, muß sich aber gleichzeitig bestimmten Einschränkungen unterwerfen, die von der neuen Mutterfigur ausgehen. Die gute Beziehung zu ihr ist an die Bedingung geknüpft, daß eine bestimmte im Hause befindliche Tür nicht öffnen darf. Das Märchen gehört also zu der großen Gruppe von Märchentexten, in denen es einen verschlossenen, verbotenen Raum gibt, mit dem sich ein Geheimnis verbindet. Wird die Tür trotz des Verbots geöffnet, wird damit die gute Beziehung zur Elternautorität auf die Probe gestellt. Oft ist es in diesen Märchen so, daß sich die Autoritätsfigur großzügig verhält und ihr Wohlwollen nicht vom Protagonisten abzieht; das Märchen vom Marienkind verfährt jedoch anders, indem es von einer sich lang hinziehenden Vertrauenskrise, einem zeitweisen Verstoßenwerden erzählt.

Die zwölf dem Marienkind zugänglichen Räume und der verbotene dreizehnte Raum geben dem mit Märchensymbolen vertrauten Leser kaum Rätsel auf. Die Zwölfzahl deutet auf etwas in sich Geschlossenes und Rundes (zeitliche Entsprechung der goldenen Kugel, mit der im Märchen Nr. eins – dem „Froschkönig" – die Königstochter spielte). Dagegen bezeichnet die dreizehnte Tür etwas Überzähliges und Ungerades, zugleich Anziehendes und Unheimliches. Es ist aufschlußreich, daß der Konflikt für das Marienkind in dem Augenblick entsteht, in dem es sich „vierzehn Jahre" im Himmel aufgehalten hat:

> So war es vierzehn Jahre im Himmel, da mußte die Jungfrau Maria eine größere Reise machen; eh sie aber weg ging, rief sie das Mädchen und sagte: „liebes Kind, da vertrau ich dir die Schlüssel zu den dreizehn Türen des Himmelreichs, zwölf darfst du aufschließen und betrachten, aber die dreizehnte nicht, die dieser kleine Schlüssel öffnet".

Der Text impliziert, daß die Entwicklung des Mädchens nicht bei der Zahl zwölf haltgemacht, ja, die dreizehnte Stufe bereits hinter sich gelassen hat. Dem Marienkind wird also etwas vorenthalten; innen und außen stehen nicht in Entsprechung zueinander. Die gleiche Diskrepanz verrät sich auch im Verhalten der Jungfrau Maria, wenn sie die Öffnung der dreizehnten Tür ausdrücklich verbietet, dem Mädchen aber trotzdem alle dreizehn Schlüssel aushändigt. Es fragt sich, ob der dreizehnte Raum nur derzeit noch nicht zugänglich ist oder ob die Jungfrau Maria beabsichtigt, das Marienkind möglichst lange auf einer prägenitalen Stufe festzuhalten. Bedenkt man, daß es sich bei ihr um die „Mutter des Christkindleins" handelt – also eine Figur, die von anderen Mutterfiguren des Märchens absticht –, könnte es in ihrem Interesse liegen, Geschlechtliches vom Marienkind grundsätzlich fernzuhalten, Damit aber erweist sie sich als Mutterfigur, die nicht das lebendige Ganze des Kindes im Auge hat, sondern eigene narzißtische Ambitionen mit dessen Erziehung verbindet. Es ist, als wolle sie vergessen machen, daß es in der Frühzeit des Marienkindes ein Paar leiblicher, „fleischlicher" Eltern gegeben hat.

Gelegentlich erinnern die Situationen bestimmter Märchen an die Grundmuster biblischer Texte, nur in ein anderes Material, eine andere seelische Schicht transponiert. Der verbietende Gottvater der Sündenfall-Geschichte kehrt so in einer Reihe verbietender Mutterfiguren wieder, denen eine vergleichbare Machtvollkommenheit eignet. Dazu gehört die Fee in „Rapunzel", die das schwangere Rapunzel in eine Wüstenei verstößt; dazu gehört auch die Jungfrau Maria in „Marienkind". Der Gegensatz von „arm" und „reich", mit dem der Text einsetzte, stimmt mit dem Gegensatz von „Sünde" und Reinheit, Unbefleckheit überein. Faßt man das Holzhackerpaar zu Beginn des Märchens als Wiederverkörperung des ersten Menschenpaares auf, erscheint die Übernahme der Mutterrolle durch die Jungfrau Maria nicht mehr nur als Wohltat. Sie will das Kind aus den dürftigen, das heißt aber auch: triebhaft tingierten Verhältnissen seiner Ursprungsfamilie herausnehmen und ihm eine asexuelle Erziehung angedeihen lassen, wie sie von dieser Mutterfigur zu erwarten ist. Die Holzhackereltern und die Jungfrau Maria mit ihrer strengen Forderung nach Askese entsprechen verschiedenen Stufen im Innern des Marienkindes, die mit Beginn der Adoleszenz in Konflikt miteinander geraten. Es ist, als stiegen Erinnerungen an die ersten drei Lebensjahre in der Protagonistin auf, in denen die Vaterfigur ganz selbstverständlich zu ihrem Leben dazugehörte; sie hält also gewissermaßen nur diesen Erinnerungen die Treue, wenn sie sich über das von der Jungfrau Maria ausgesprochene Verbot hinwegsetzt. Sie stellt die Verbindung zu der hinter der Tür befindlichen Vaterfigur her, wird aber nun von dieser Erfahrung irreversibel geprägt. Wie in anderen Märchen, wo sich das Blut nicht wieder abwaschen oder der Goldglanz der Haare nicht verbergen läßt, trägt das

Marienkind das Gold der Vaterfigur von nun an an ihrem Finger – als Zeichen, daß sie sie nicht nur gesehen, sondern auch berührt hat:

> ... Als es die zwölf Thüren aufgeschlossen hatte, war die verbotene noch übrig; lange widerstand es seiner Neugier, endlich aber ward es davon überwältigt und öffnete auch die dreizehnte. Und wie die Thüre aufging, sah es in Feuer und Glanz die Dreieinigkeit sitzen und rührte ein ganz klein wenig mit dem Finger an den Glanz, da ward er ganz golden, dann aber schlug es geschwind die Thüre zu und lief fort; sein Herz klopfte und wollte gar nicht wieder aufhören.

Die prägnante Beschreibung der Angst macht deutlich, daß die Protagonistin aus dem Zustand der vorherigen Geborgenheit herausgefallen ist. Es besteht jetzt auf neuer Stufe das Wissen darum, daß neben der Jungfrau Maria eine zweite, gegengeschlechtliche Figur existiert, und dieses Wissen ist nicht wieder rückgängig zu machen. Es kann höchstens geleugnet oder ver-leugnet werden. Mit ihrer Angst antizipiert die Protagonistin, daß sie es bei der Rückkehr nicht mehr mit der wohlwollenden und verwöhnenden Mutterfigur von „einst", sondern mit der Mutter in einem ödipalen Kontext zu tun haben wird. Wirklich tritt die Jungfrau Maria bei der Rückkehr von ihrer Reise als Über-Ich-Figur in Erscheinung, die mit bohrendem Fragen und „Nachfassen" das Herzklopfen des Marienkindes in Gang hält:

> Nach wenigen Tagen aber kam die Jungfrau Maria von ihrer Reise zurück und forderte die Himmelsschlüssel von dem Mädchen, und wie es sie reichte, sah sie es an und sagte: „hast du auch nicht die dreizehnte Türe geöffnet?" – „Nein", antwortete es. Da legte sie ihre Hand auf sein Herz, das klopfte und klopfte, und sah es, daß es ihr Gebot übertreten und die Thüre aufgeschlossen hatte: „hast du es gewiß nicht getan?" „Nein", sagte das Mädchen noch einmal. Da sah sie den goldenen Finger, womit es das himmlische Feuer angerührt hatte, und wußte nun gewiß, daß es schuldig war, und sprach: „du hast mir nicht gehorcht und hast gelogen, du bist nicht mehr würdig im Himmel zu seyn."

Der Gewissensdruck, der die Szene charakterisiert, hat dieses Märchen in den Ruf und Verruf eines übermäßig moralischen, restriktiven Textes gebracht, doch fragt es sich, ob es sich dabei nicht um ein Mißverständnis handelt. Löst man sich nämlich von dem Vorurteil, daß Märchen „kindgerecht" zu sein haben (und sich wechselnden Zeitströmungen, unterschiedlichen pädagogischen Richtungen zwanglos einfügen müssen), wird man gewahr, daß der Text das Hauptgewicht keineswegs auf die zensierende, verurteilende Instanz legt. Er tut im Gegenteil ein Äußerstes, den Ausnahmezustand des Marienkindes zu vergegenwärtigen und den Leser oder Hörer empathisch darauf einzustimmen. Er läßt die Protagonistin gnädig in Schlaf versinken – auch wenn dies als Strafe von seiten der Mutterfigur dargestellt wird – und ordnet ihr überdies in Gestalt von Baum, Gebüsch, Höhle und „Mantel" schützende mütterliche Attribute zu:

> ... Da versank das Mädchen in einen tiefen, tiefen Schlaf, und als es erwachte, war es auf der Erde und lag unter einem hohen Baum, der war rings mit dichten Gebüschen umzäunt, so daß es ganz eingeschlossen war, der Mund war ihm auch verschlossen und es konnte kein Wort reden. In dem Baum war eine Höhle, darin saß es bei Regen und Gewitter und schlief es in der Nacht (...) Wenn die Sonne wieder warm schien, ging es heraus, setzte sich vor den Baum, und seine langen Haare bedeckten es von allen Seiten wie ein Mantel.

Die Mutterleibsregression, zu der auch dieses Märchen seine Zuflucht nimmt, geht mit tiefem Schlaf und dem Verlust der Spräche als einer späten (oder relativ späten) Errungenschaft menschlicher Entwicklung einher. Das könnte der empirischen Tatsache entsprechen, daß Kinder und Jugendliche sich in schweren seelischen Notlagen oft eher an Dinge (sprich: Übergangsobjekte) als an Menschen halten, wohl weil sie instinktiv fürchten, daß der Gebrauch der Sprache sie noch tiefer in Konflikte und Mißverständnisse verstricken würd. So berichtete mir ein Patient nachträglich aus einer massiven Adoleszenzkrise, er habe sich damals niemandem anvertraut, dafür aber mit einem Baum in seiner Umgebung kommuniziert, dem er Verständnis und Hilfe zutraute. Wenn er mit ihm „sprach", so war dies keine Über-Ich-Sprache, sondern eher wie das Sprechen oder Stammeln des ganz kleinen Kindes im Umgang mit seinem primären Objekt.

Daß es auch in dem manifest gewordenen Konflikt zwischen dem Marienkind und der Jungfrau Maria um einen Sprachkonflikt geht – das heißt, einen Konflikt zwischen der Sprache des Über-Ich und der des Ich –, zeigt der von der Autoritätsfigur erhobene Vorwurf der Lüge. In der Sündenfallgeschichte, in der Adam von Gottvater zur Rede gestellt wird, versucht sich der Protagonist durch den Hinweis auf Eva reinzuwaschen, die ihrerseits die Verantwortung auf die Schlange schiebt. Im Märchentext gibt es keine solche Hilfsfigur; das Marienkind macht Gebrauch von einer Notlüge. Es leugnet, für denjenigen Teil seiner selbst verantwortlich zu sein, der in den verbotenen Raum geblickt hat. Da es hier jedoch nicht um ein Leugnen im Rahmen einer öffentlichen, „forensischen" Situation, sondern im Kontext einer Zwei-Personen-Beziehung geht, gelten besondere Bedingungen – wie überall, wo ein Kind oder ein Heranwachsender versucht, einen verletzlichen innerseelischen Bereich vor dem Blick der Autoritätsfigur abzuschirmen. Von der Lüge in diesem entwicklungspsychologischen Sinn hat Heinz Kohut in seiner posthum erschienenen letzten Buchveröffentlichung gesagt, daß es für das Kind wichtig sein könne zu entdecken, daß „seine Eltern nicht allwissend sind und insbesondere nicht in seinen Geist eindringen können" (Kohut, 1987, S. 112). Vergleichbare Bedeutung schreibt Kohut an derselben Stelle der Entdeckung des Analysanden – im Kontext einer therapeutischen Analyse – zu,

> „daß sein eigenes Verständnis seiner psychischen Zustände und Einstellungen zeitweise besser ist als das des Analytikers, daß der Analytiker nicht allwissend ist, daß seine Empathie fehlbar ist und daß die Empathie des Patienten für sich selbst, einschließlich besonders der Empathie für seine Kindheitserfahrungen, oft überlegen ist" (ebd.)

Wendet man diese Einsicht auf den Text von „Marienkind" an, so bleibt darin die Lüge oder Notlüge der Protagonistin zwar nicht unentdeckt, doch stößt die Protagonistin insofern auf eine mangelhafte Empathie der Mutterfigur, als diese nur über eine begrenzte Vorstellung von der Ganzheit und Lebendigkeit des ihr anvertrauten Menschen verfügt. Sie hätte dem Marienkind dann wohl auch zu einem besseren Abwägen der mit der Öffnung der Tür verbundenen Strafe verholfen und ihr gesagt, was sie gegebenenfalls erwarte. So aber bleibt der Protagonistin nur die Möglichkeit, den Bereich ihrer selbst, in den die Autoritätsfigur gewaltsam eindringen will, mittels der „Lüge" vor dieser Gefahr zu schützen.

Die „Empathie für sich selbst" hat also einen lebenswichtigen Abwehraspekt, der auch in Sigmund Freuds Konzept einer „Ichspaltung im Abwehrvorgang" (1938) enthalten ist. Der jeweils zugrundeliegende intrapsychische Konflikt ist offenbar der, daß jemand an einer Sicherheit und Geborgenheit garantierenden Beziehung festhalten möchte, dabei jedoch mit seiner Realitätswahrnehmung in Widerspruch gerät. D.W. Winnicott hat diese Konfiguration als Entzweiung von falschem und wahrem Selbst beschrieben und von der Möglichkeit gesprochen, daß der einzige Ausweg aus diesem Dilemma Suizid und Selbstzerstörung sein könnten: „Zerstörung des ganzen Selbst, um die Vernichtung des wahren Selbst zu vermeiden" (Winnicott, 1974, S. 186). Diese tragische Dimension ist auch im Märchen vom Marienkind in der Zähigkeit zu spüren, mit der das Marienkind an seiner Version, seiner Wirklichkeit festhält. Derartige Konflikte gibt es auch in therapeutischen Analysen, dort nämlich, wo der Therapeut – im Besitz seines überlegenen Wissens – einen Erlebnisbereich, eine Erfahrung oder Erinnerung des Analysanden ausklammern möchte, weil er nicht der Theorie oder einer bestimmten opportunen Sehensweise zu entsprechen scheint. In der Gestalt der Jungfrau Maria und der des Marienkindes stehen sich, wenn man sie auf Prinzipien zurückführt, Orthodoxie und Unorthodoxie, Rebellion gegen das Prinzip Orthodoxie gegenüber.

Dieses Bestehen der Autoritätsfigur auf einer bestimmten Sehweise kann – im Märchen wie in der Realität – die besten Absichten verfolgen, stürzt aber den von ihr abhängigen Teil in Konflikte. Fügt er sich der Übermacht, kommt es zu dem, was Michael Balint einmal als das therapeutisch wenig wünschenswerte Ergebnis einer „Über-Ich-Intropression" (Balint, 1966, S. 318) beschrieben hat. Fügt er sich andererseits nicht und hält an „seiner" Version fest, riskiert er die Ungnade des Therapeuten oder Ausbilders und fällt im Extremfall einer therapiebedingten „Ichspaltung im Abwehrvorgang" anheim. Etwas von dieser „Ichspaltung" – Kohut spricht von vertikaler Spaltung (1973) – kennzeichnet auch den Zustand des Marienkindes, sobald nämlich der Zustand von Zurückgezogenheit nicht länger aufrechterhalten werden kann und es genötigt wird, wieder eine Rolle in der Welt zu spielen:

> Einmal, als es so im Frühjahr vor dem Baume saß, drängte sich jemand mit Gewalt durch das Gebüsch, das war aber der König, der in dem Wald gejagt und sich verirrt hatte. Er war erstaunt, daß in der Einöde ein so schönes Mädchen allein saß, und fragte es: ob es auf sein Schloß gehen wollte. Es konnte aber nicht antworten, sondern nickte bloß ein wenig mit dem Kopf, da hob es der König auf sein Pferd und führte es mit sich heim und bald gewann er es so lieb, daß er es zu seiner Gemahlin machte.

Die soziale Ebene, auf die hier der König das Marienkind hebt, ist zwar nicht die der Holzhacker-Eltern zu Beginn des Textes, was aber nichts daran ändert, daß sich mit der Vereinigung des Paares und der darauffolgenden Geburt des ersten Kindes der „Sündenfall"" von einst reaktualisiert. Sofort erscheint die Jungfrau Maria auf dem Plan und verlangt nach dem alten Muster das Kind für sich. Sie werde ihr das Kind nur lassen, falls sie ihr Vergehen eingestehe und zugebe, die dreizehnte Tür geöffnet zu haben:

> ... Die Königin aber blieb dabei, sie habe die verbotene Thüre nicht geöffnet. Da nahm die Jungfrau Maria das kleine Kind und verschwand damit. Am andern Morgen aber, als das Kind fort war, ging ein Gemurmel, die stumme Königin sey eine Menschenfresserin und habe ihr eigenes Kind gegessen.

Dieser Ablauf wiederholt sich bei der Geburt der beiden nächsten Kinder noch zweimal, und beim dritten Mal – als die Geburt eines Mädchens dem Marienkind das eigene Schicksal noch einmal besonders eindringlich vor Augen führt – bietet die Autoritätsfigur ihre äußersten, „grandiosesten" Möglichkeiten auf, ihr Gegenüber zu einem Einlenken zu bewegen. Sie nimmt die junge Mutter mit sich in den Himmel und zeigt ihr dort ihre beiden kleinen Söhne, die mit der Weltkugel spielen. Es ist offenkundig, wieviel der Autorität daran liegt, den Konflikt zu beenden, wenn auch hier immer noch auf eine Weise, die ein Einlenken – also einen „Selbstverrat" – auf seiten des Marienkindes voraussetzt.

Was sich zwischen dieser vorletzten und der letzten Unterredung von Marienkind und Jungfrau Maria verändert, ist nicht leicht zu beschreiben; unter anderem spitzt sich der Konflikt im menschlich-irdischen Umfeld der Protagonistin auf dramatische Weise zu:

> Der König konnte nun seine Räthe nicht länger zurückhalten, sie behaupteten, die Königin sey eine Menschenfresserin das sey gewiß, und weil sie stumm war, konnte sie sich nicht verteidigen, da ward sie verdammt auf dem Scheiterhaufen zu sterben.

Kritiker des Märchens – die in ihm vor allem eine Über-Ich-Instanz oder Über-Ich-Struktur am Werk sehen – könnten einwenden, daß hier ein gewaltiger Druck erzeugt und die Übermacht der äußeren Realiät zu der der Autoritätsfigur hinzuaddiert wird. Falls dies wirklich die Intention des Märchens wäre, könnte das Marienkind nur gebrochen aus dem Konflikt hervorgehen. Unzweideutig sagt der Text jedoch, daß sich in der akuten Situation etwas an der inneren Spaltung verändert: „da ward ihr Herz bewegt" heißt es zur Kennzeichnung der Tatsache, daß sich das Erleben der Hauptfigur wieder vereinheitlicht. Sofort antwortet auch das Gegenüber in einer neuen, nicht mehr vom Über-Ich bestimmten Sprache. „Da du die Wahrheit hast sagen wollen, ist dir deine Schuld vergeben", sagt die Jungfrau Maria und läßt mit diesen Worten erkennen, daß es nicht mehr (wie es soeben noch den Anschein hatte) auf die Zurücknahme der „Lüge", sondern auf freiwilliges Sprechen ankommt. Nicht das erzwungene Geständnis zählt, sondern – sofern man den Text beim Wort nimmt – das aus der Tiefe hervorbrechende Sprechenwollen. Entgegen seinem Ruf hat sich dieses Märchen also nicht auf die Position einer bestimmten Moral festgelegt, sondern die Frage von recht und unrecht zwischen „Kind" und „Autorität", Ich und Über-Ich behutsam in der Schwebe gehalten. Wie bei vielen anderen Märchen geht der Text zwar haarscharf an die Grenze des Tragischen heran, zeigt aber auch hier eine Grundtendenz zur Konzilianz. Es ist wohl diese Eigenschaft des Märchens – nicht nur des Märchens vom „Marienkind", sondern dieser literarischen Gattung insgesamt –, die es Lesern oder Hörern (Kindern und Erwachsenen) nach wie vor ermöglicht, ihm Modelle der Konflikt- und Krisenbewältigung zu entnehmen.

Adoption im Märchen II:

„Rapunzel"

Ein anderer Text der Grimm'schen Sammlung, in welchem das Motiv der Adoption eine zentrale Rolle spielt, ist „Rapunzel" (Märchen Nr. 12 der Erstdruckausgabe von 1812). In ihrem damals noch mitgelieferten Anmerkungsapparat weisen die Brüder Grimm selbst darauf hin, daß im Pentamerone eine Vorstufe des Märchens existiere, die sogar besser sei als die ihnen zur Verfügung stehende mündliche Überlieferung. Das Schwangerschaftsgelüst der werdenden Mutter gilt hier den im fremden Garten wachsenden Petersilien, weshalb die Protagonistin den Namen „Petrosinella" trägt. Dieser Unterschied ist nicht unwichtig für das Verständnis: Petersilie – noch heute, auf den Leib gebunden, ein Mittel gegen Seekrankheit – war im Mittelalter ein geläufiges Abtreibungsmittel. Der Text teilte also ursprünglich mit, daß das Kind unerwünscht war – selbst wenn die deutsche Variante den Kinder*wunsch* der Eltern unterstreicht. Versteht man den Text in dieser Weise als Ausdruck des Schwankens zwischen Kinderwunsch und Abtreibung, hat der Garten der Fee mit seinen verlockenden Gewächsen – ob Petersilie oder Rapunzeln – die Funktion, die werdende Mutter auf die Probe zu stellen.

Fenster, durch die geblickt wird, sind ein wichtiges Strukturelement in diesem Märchen, und so blickt auch Rapunzels schwangere Mutter durch ein Fenster ihres Hauses in den Garten der Fee hinein:

> Diese Leute hatten in ihrem Hinterhaus ein kleines Fenster, daraus konnten sie in den Garten einer Fee sehen, der voll von Blumen und Kräutern stand, allerlei Art, keiner aber durfte es wagen, in den Garten hineinzugehen. Eines Tages stand die Frau am Fenster und sah hinab, da erblickte sie wunderschöne Rapunzeln auf einem Beet und wurde so lüstern danach, und wußte doch, daß sie keine davon bekommen konnte, daß sie ganz abfiel und elend wurde.

Das Schwangerschaftsgelüst der werdenden Mutter führt im weiteren Verlauf zu einer Grenzüberschreitung: indem Rapunzels Vater in den fremden Garten hinübersteigt und dort eine Handvoll Rapunzeln sticht, erscheinen kriminelles Delikt und Erwartung des Kindes auf das engste miteinander verknüpft. Wie im Märchen vom Marienkind haben wir es auch im Märchen von Rapunzel mit einer Frau als oberster Autorität zu tun, die – sobald man ihr zuwiderhandelt – ebenso Angst und Schrecken verbreiten kann wie der strafende, alles sehende Gottvater im Sündenfall-Mythos. Der Text vermerkt den Schrecken des Vaters, als er sich auf einmal der Fee gegenübersieht:

> ... Also stieg er noch einmal in den Garten, allein er erschrak gewaltig, als die Fee darin stand und ihn heftig schalt, daß er es wage in ihren Garten zu kommen und

daraus zu stehlen. Er entschuldigte sich, so gut er konnte, mit der Schwangerschaft seiner Frau, und wie gefährlich es sey, ihr dann etwas abzuschlagen, endlich sprach die Fee: „ich will mich zufrieden geben und dir selbst gestatten Rapunzeln mitzunehmen, soviel du willst, wofern du mir das Kind geben wirst, womit deine Frau jetzo geht." In der Angst sagte der Mann alles zu, und als die Frau in die Wochen kam, erschien die Fee sogleich, nannte das kleine Mädchen Rapunzel und nahm es mit sich fort.

Mit dieser Namensgebung geht Rapunzel an die „Adoptivmutter" über, und die leiblichen Eltern verschwinden aus dem Text. Was jedoch nicht verschwindet, ist die problematische, von Ambivalenz umwitterte Vorgeschichte. Zunächst erfährt man über Rapunzel, daß sie heranwachsend „das schönste Kind unter der Sonne" wird: eine Formel, die auf ein Gedeihen des Kindes unter der Obhut der Fee hindeutet. Das Einschließen in den „hohen, hohen Turm" ereignet sich erst im dreizehnten Lebensjahr des Mädchens: etwa um die gleiche Zeit, da dem Marienkind das Öffnen der dreizehnten Tür verboten wurde. Der Sinn der Verfügung ist auch hier wieder, daß Rapunzel nicht vorzeitig mit einem Mann in Berührung kommen soll; das Drama der Eltern soll sich – so der Wunsch der Fee – an dem Kind nicht wiederholen. Sie kann jedoch nicht verhindern, daß die Haare des Mädchens weiterwachsen (was auch bedeutet, daß die Geschichte die von der Fee gesetzte Zäsur „überwächst"), und daß es im Turm ein Fenster gibt, durch das ein Dritter notfalls in den Turm gelangen kann: „Nur bloß ganz oben war ein kleines Fensterchen", heißt es. Um über das „kleine Fensterchen" in den Turm zu gelangen, bedarf es zusätzlich Rapunzels langer Haare, an denen die Fee zum Turm „hinaufsteigt":

> … Rapunzel hatte aber prächtige Haare, fein wie gesponnen Gold, und wenn die Fee (…) rief, so band sie sie los, wickelte sie oben um einen Fensterhaken und dann fielen die Haare zwanzig Ellen tief hinunter und die Fee stieg daran herauf.

Eines Tages belauscht dann ein in den Wald geratener Königsohn die Szene. Er hat Rapunzel vorher innen im Turm singen hören und sich den Kopf zerbrochen, wie er des Mädchens mit der verführerisch schönen Stimme ansichtig werden kann:

> … Da aber keine Thüre im Thurm war und keine Leiter so hoch reichen konnte, so gerieth er in Verzweiflung, doch ging er alle Tage in den Wald hin, bis er einstmals die Fee kommen sah, die sprach:
> „Rapunzel, Rapunzel,
> laß dein Haar herunter:"
> Darauf sah er wohl, auf welcher Leiter man in den Thurm kommen konnte.

Als er in den Turm eingedrungen ist, berichtet der Text zwar zunächst von einem Erschrecken Rapunzels, doch schon bald wird verabredet, „er solle alle Tage kommen und hinaufgezogen werden". Die zwei Beziehungen bestehen eine Weile nebeneinander her und scheinen hermetisch gegeneinander abgeschirmt, bis Rapunzel eines Tages den inneren Konflikt dadurch beendet, daß sie eine Frage stellt, die genau besehen gar keine Frage, sondern eine Mitteilung ist. In den Worten: „Sag sie mir doch, Frau Gothel, meine Kleiderchen werden mir so eng und wollen nicht mehr passen" klingt das Motiv der unverhofften, nicht allen Beteiligten erwünschten Schwangerschaft unüberhörbar ein zweites Mal an.

Aus der naiven oder zumindest naiv klingenden Frage wird dann in Wilhelm Grimms späterer Redaktion die verschlüsselte (und im Vergleich gewunden klingende) Mitteilung, die Fee sei soviel schwerer heraufzuziehen als der junge Königsohn: „der ist in einem Augenblick bei mir". In jedem Fall signalisiert Rapunzels Äußerung, daß eine konflikthafte Dreierbeziehung sich an die Stelle der vorherigen Zwei-Personen-Beziehung gesetzt hat. Es hat sich mit anderen Worten ein ödipaler Konflikt etabliert; genitale Thematik ist an die Stelle der Prägenitalität getreten. Das trägt der Tochter den Vorwurf der „Gottlosigkeit" ein, was nicht nur als Ausdruck mütterlichen Zorns verstanden werden sollte: es schwingt darin auch etwas vom Zorn der göttlichen Autorität, der obersten Instanz mit. In seiner „Deutschen Mythologie" berichtet Jacob Grimm, der Name der Erdgöttin habe oft „Fru Gode" gelautet (Grimm, 1939, S. 182), was der Anrede „Frau Gothel" nicht nur lautlich entsprechen dürfte. Der Name der Fee hält sich zwischen dem einer Patin (im Alemannischen „Gode", im Englischen „god-mother") und dem einer matriarchalen Gottheit in der Schwebe, und ihr Zorn erinnert infolgedessen an die Vertreibung aus dem Paradies:

> Ach du gottloses Kind, sprach die Fee, was muß ich von dir hören, und sie merkte gleich, wie sie betrogen wäre, und war ganz aufgebracht. Da nahm sie die schönen Haare Rapunzels, schlug sie ein paar Mal um ihre linke Hand, griff eine Schere mit der rechten, und ritsch, ritsch, waren sie abgeschnitten. Darauf verwies sie Rapunzel in eine Wüstenei, wo es ihr sehr kümmerlich erging und sie nach Verlauf einiger Zeit Zwillinge, einen Knaben und ein Mädchen gebar.

Rapunzel muß also ihre Kinder unter widrigen Umständen austragen, und die anschließende Blendung des Königsohnes läßt sich einerseits als Strafe (im Sinne des Ödipus-Mythos), andererseits als „Öffnung der Augen" (im Sinne des Paradies-Mythos) verstehen. Die Fee belehrt den Königsohn darüber, was „gut und böse ist"; nur meinte Wilhelm Grimm der Szene einen anderen Charakter geben zu müssen, indem er die Fee mit „bösen und giftigen Blicken" ausstattete. In der Erstdruckfassung jedoch ist sie nichts als erzürnt und besteht auf einer einstweiligen Bestrafung:

> „Weißt du was, sprach die erzürnte Fee, Rapunzel ist für dich Bösewicht auf immer verloren!"
> Da wurde der Königsohn ganz verzweifelnd und stürzte sich gleich den Turm hinab, das Leben brachte er davon, aber die beiden Augen hatte er sich ausgefallen, traurig irrte er im Wald herum, aß nichts als Gras und Wurzeln, und that nichts als weinen.

Der Verzweiflungssprung des Königssohns mutet fast suizidal an – ein überraschendes Vorkommnis in einem Märchentext –, obwohl das Märchen die Strafe dann wieder abmildert und aus dem fast tödlichen Sturz in die Tiefe eine Einbuße der Sehkraft werden läßt. Aber selbst in dieser abgemilderten Form der Strafe bleibt erkennbar, daß der Königsohn mit seinem Eindringen in den fremden Turm ein ähnlich schweres Delikt begangen hat wie Rapunzels Vater mit dem Eindringen in den Garten der Fee. Beide Männer drangen in einen abgeschirmten, tempelartigen Bezirk ein und mißachteten ein von der Fee gesetztes

Tabu. Wenn das Verbrechen des Ödipus – Borkenau (1957) zufolge – darin bestand, die magna mater oder ihre irdische Stellvertreterin zur Ehe genötigt zu haben, so das Verbrechen im Märchen in der Übertretung eines ihrer Verbote – dem „Raub" der Rapunzeln oder dem Raub der Tochter.

Mit der Konzilianz, die schon am Märchen vom Marienkind zu beobachten war, läßt auch dieser Text es schließlich mit der bloßen Andeutung von Tragik bewenden. Dem Delinquenten wird am Ende sein Augenlicht und damit der Zugang zur Außenwelt und zum Liebesobjekt zurückgegeben:

> Einige Jahre nachher gerät er in jene Wüstenei, wo Rapunzel kümmerlich mit ihren Kindern lebte, ihre Stimme däuchte ihm so bekannt, in demselben Augenblick erkannte sie ihn auch und fällt ihm um den Hals. Zwei von ihren Tränen fallen in seine Augen, da werden sie wieder klar, und er kann damit sehen, wie sonst.

Gemessen an der kunstvoll-poetisierenden Ausdrucksweise des Bearbeiters Wilhelm Grimm mutet dieser ursprüngliche Schluß noch relativ kunstlos an, doch ging es auf dieser Stufe der Überlieferung noch nicht um „Literatur", sondern um die Vermittlung von etwas Inhaltlichem, das in der Spätfassung dann oft verwischt wird, ja unter Umständen sogar verloren geht. Auf das Versagen der leiblichen Eltern und die überschießende Vorsorge der „Frau Gothel" folgt die Elternschaft für die in der Wüstenei geborenen Zwillinge, also der Erwerb der Fähigkeit, für eine neue Generation die Elternrolle zu übernehmen.

Adoption im Märchen (III):

„Schneewittchen" in weniger bekannter Form

Von „Schneewittchen" existieren Varianten und Textvorläufer, die dieses Märchen in ganz anderem Licht erscheinen lassen. Um zu dieser hinter dem manifesten Text verborgenen Textgestalt zu gelangen, muß man Schicht um Schicht abheben. Schon die Erstdruckfassung von 1812 belehrt uns darüber, daß die verstoßende, zur Aussetzung entschlossene Stiefmutter ursprünglich die leibliche Mutter Schneewittchens war, von der der Wunsch nach dem Kind ausging. Zieht man darüberhinaus die Variante zu Rate, die Heinz Rölleke 1975 in „Die älteste Märchensammlung der Brüder Grimm" veröffentlicht hat, geht auf einmal dieser Wunsch nicht mehr von der Mutter Schneewittchens, sondern von einer Vaterfigur, also vom Manne aus. Ein Graf und eine Gräfin kommen im Wagen daher und treffen auf ein am Wege stehendes Mädchen, das sie mit auf die Fahrt nehmen. Vorher jedoch hat der Graf drei Wünsche ausgesprochen, wie das „Mägdelein" beschaffen sein müßte, auf das er zu treffen hofft, und dies sind genau die Wünsche, die in der uns geläufigen Fassung des Märchens der in ihrem Fensterrahmen sitzenden Königin in den Sinn kommen. Das am Wege stehende Schneewittchen wird also gewissermaßen vom Wunsch des Mannes erschaffen und erhält wohl auch von ihm seinen Namen, so wie in den vorhergehenden Märchen die Protagonistin ihren Namen von der Mutterfigur erhielt. Mit dieser Vorgeschichte wird dann auch der Neid und die Eifersucht der Mutterfigur besser erklärt, als es in der uns geläufigen Märchenfassung der Fall ist; es bedarf gar keiner „Stiefmutter" mehr, um verständlich zu machen, warum die nicht nach ihrer Meinung gefragte Gräfin im Wagen alles tut, um Schneewittchen loszuwerden:

> Es war einmal ein Graf und ein Gräfin, die fuhren zusammen, und fuhren an drei Haufen weißem Schnee vorbei, da sprach der Graf: ich wünschte mir ein Mägdelein, so weiß wie dieser Schnee. Sie fuhren weiter und kamen an drei Gruben voll rothen Blutes, da wünschte der Graf und sprach: hätte ich ein Mädchen, mit so rothen Wangen, als dieses Blut! Bald darauf flogen drei kohlschwarze Raben vorüber und der Graf wünschte wiederum ein Mädchen mit so schwarzem Haar, wie diese Raben. Zu allerletzt aber begegnete ihnen ein Mädchen, so weiß wie Schnee, (…), so roth wie Blut und schwarz wie Raben, und dies war Schneeweißchen. Der Graf ließ es sogleich in die Kutsche sitzen, aber die Gräfin hatte es nicht gern. Und die Gräfin wußte sich nicht zu helfen und ließ endlich ihren Handschuh zum Schlag hinaus fallen und befahl dem Schneeweißchen solchen aufzuheben. – Wie es nun ausgestiegen war, so rollte der Wagen in größter Geschwindigkeit fort. (…) (Rölleke, 1975, 383)

Diese Textvariante mündet dann wie die anderen Fassungen ein in die uns geläufige Märchengestalt, daß das ausgesetzte Schneewittchen zu den sieben

Zwergen kommt und von ihnen aufgenommen wird. Die Zwerge – Miniaturausgaben des starken, schützenden Vaters – bilden in ihrer Gesamtheit eine Gruppe und entsprechen als solche wohl auch einer Mutterfigur, die Schneewittchen gegen die reale, Leben abschnürende Mutter zu schützen versucht. In den späteren Fassungen geht die Vaterfigur dann weitgehend verloren, und der Schwerpunkt liegt auf dem Gegensatz der beiden Mutter-Aspekte. Beide halten einander sosehr die Waage, daß lange unentschieden bleibt, welcher von ihnen die Oberhand behält: daher Schneewittchens Passivität, die sie von vielen anderen Märchenheldinnen unterscheidet; daher ihr Rückzug in Tiefschlaf und Scheintod; daher auch die Gewaltsamkeit, mit der der Text schließlich die böse Mutter den Flammen überantwortet. Nur eine gewaltsame Lösung scheint imstande, Schneewittchen aus der Rolle eines „Unglückskindes" zu befreien: in der von Jacob Grimm aufgezeichneten handschriftlichen Fassung von 1808 noch der – auf den ersten Blick überraschende – Alternativ-Titel des Märchens (Rölleke, 1975, S. 244).

Offensichtlich ist es das Schicksal Schneewittchens, bereits mit ihrem ersten Auftauchen – ob als am Weg stehendes Mädchen oder als allmählich größer werdendes Kind – einen unlösbaren Konflikt zwischen den Elternfiguren heraufzubeschwören. In einer anderen Textvariante heißt es von dem immer schöner werdenden Schneewittchen:

> … Darüber konnte es die Frau Königin nicht mehr leiden, weil sie die schönste im Reich wollte seyn. Wie nun der Herr König einmal in den Krieg verreist war, so ließ sie ihren Wagen anspannen und befahl in einen weiten dunklen Wald zu fahren, und nahm das Schneeweißchen mit. In demselben Wald aber standen viel gar schöne rothe Rosen. Als sie nun mit ihrem Töchterlein daselbst angekommen war, so sprach sie zu ihm: ach Schneeweißchen steig doch aus und brich mir von den schönen Rosen ab! Und sobald (…) es diesen Befehl zu gehorchen aus dem Wagen gegangen war, fuhren die Räder in größter Schnelligkeit fort, aber die Frau Königin hatte alles so befohlen, weil sie hoffte, daß es die wilden Thiere bald verzehren sollten. (ebd. S. 381).

Faßt man alle diese Textvarianten zusammen und leitet daraus eine „Gestalt" ab, stößt man auf die überraschende Tatsache, daß dieses Schneewittchen fast wie ein weibliches Gegenstück zum antiken Ödipus anmutet. Ein Konflikt zwischen den Elternfiguren führt zur Aussetzung des Kindes; es besteht hier wie dort eine inzestuös-konflikttträchtige Situation; der Tod zumindest einer der involvierten Elternfiguren scheint unvermeidbar. Auch ist aufschlußreich, daß in der handschriftlichen Fassung von 1808 die Wiedererweckung Schneewittchens nicht vom Prinzen, sondern vom heimkehrenden Vater eingeleitet wird:

> … Eines Tages kehrte der König, Schneeweißchens Vater, in sein Reich zurück und mußte durch denselben Wald gehen, wo die 7 Zwerge wohnten. Als er nun den Sarg und deßen Inschrift wahr nahm, so empfing er große Traurigkeit über den Tod seiner geliebten Tochter. Er hatte aber in seinem Gefolg sehr erfahrene Artzte bei sich, die baten sich den Leichnam von den Zwergen aus, nahmen ihn und machten ein Seil an 4 Ecken des Zimmers fest und Schneeweißchen wurde wieder lebendig. Darauf zogen sie alle nach Haus, Schneeweißchen wurde an (…) einen schönen Prinzen vermählt, und auf der Hochzeit wurden ein Paar Pantoffel im Feuer geglüht, welche die Königin anziehen und sich darin zu todt tantzen mußte. (ebd., S. 383).

Die ursprüngliche, „ödipale" Struktur des Konfliktes ist hier noch voll erkennbar. In den späteren Fassungen kann man diese Struktur noch spurenweise erkennen, sofern man Varianten und Textvorläufer zur Kenntnis genommen hat. Spuren der rettenden, wiedergutmachenden Vaterfigur finden sich dann im Jäger, der Schneewittchen auf Geheiß der Königin töten soll, ihr jedoch das Leben erhält; in dem die absolute Wahrheit sprechenden Spiegel (in dessen Wahrhaftigkeit noch etwas anklingt von der Rücksichtslosigkeit jenes daherjagenden Grafen); in der Auflehnung der Diener, die es müde sind, das tote Schneewittchen von Zimmer zu Zimmer zu tragen:

> Die Diener aber, die beständig den Sarg herumtragen mußten, waren bös darüber, und einer machte einmal den Sarg auf, hob Schneewittchen in die Höh und sagte: „um so eines todten Mädchens willen werden wir den ganzen Tag geplagt", und gab ihm mit der Hand einen Stumpf in den Rücken. Da fuhr ihm der garstige Apfelgrütz, den es abgebissen hatte, aus dem Hals, und da war Schneewittchen wieder lebendig. Da ging es hin zu dem Prinzen, der wußte gar nicht, was er vor Freuden thun sollte, als sein liebes Schneewittchen lebendig war, und sie setzten sich zusammen an die Tafel und aßen in Freuden. (Grimm, 1912/1814 (1985, 162–3).)

Der Märchentext hält also selbst noch in seinen späteren Fassungen an der „dritten Person" fest, die die Ereignisse auf der Zwei-Personen-Ebene kritisiert und kommentiert und so die Entwicklung vorantreibt.

Das ist wohl auch der Grund, warum gerade das Schneewittchen-Märchen in der modernen Literatur oft da „zitiert" wurde, wo von der Erfahrung auswegloser Ambivalenz und Ambitendenz her die Frage nach einer sinnstiftenden dritten Person auftauchte. Das gilt für Rilkes vierte Duineser Elegie, wo der „Gröps von einem schönen Apfel" als kryptische Metapher für den vorzeitigen (und sinnlos anmutenden) „Kindertod" verwandt wird; es gilt ebenso für Robert Walsers Schneewittchen-Dramolett, wo die Intervention der „dritten Person" fehlschlägt: die Protagonistin wird immer wieder vom allmächtigen mütterlichen Primärobjekt vereinnahmt, gewissermaßen „verschlungen". Spuren des Schneewittchen-Märchens aber meint man sogar schon in einem literarischen Text zu entdecken, der erschien, bevor das Märchen aufgezeichnet wurde: Goethes Roman „Die Wahlverwandtschaften", dessen Exposition fast die Vermutung nahelegt, der Autor habe das Märchen (einschließlich seiner Textvarianten) aus mündlicher Überlieferung gekannt. Der Eduard des Romans mutet so eigenwillig an wie jener im Wagen daherkommende Graf, und wieder geht die Ottilie des Romans aus einem „Wunsch" des Mannes, den von Eduard genau zur Zeit ihrer Geburt gepflanzten Bäumen hervor. Wie der Graf im Märchen drängt Eduard seiner Lebensgefährtin diese Tochterfigur geradezu auf, und später wehrt er sich mit Heftigkeit dagegen, daß Ottilies Leichnam der Erde übergeben wird:

> Stufenweise gelang es, Eduarden der heftigsten Verzweiflung zu entrißen, aber nur zu seinem Unglück; denn es war ihm deutlich, es ward ihm gewiß, daß er das Glück seines Lebens für immer verloren habe. Man wagte es, ihm vorzustellen, daß Ottilie, in jener Kapelle beigesetzt, noch immer unter den Lebendigen gehalten und einer freundlichen stillen Wohnung nicht entbehren würde. Es fiel schwer, seine Einwilligung zu erhalten, und nur unter der Bedingung, daß sie im offenen Sarge hinausgetragen und in dem Gewölbe allenfalls nur mit einem Glasdeckel zugedeckt und eine

> immerbrennende Lampe gestiftet werden sollte, ließ er sich's zuletzt gefallen und
> schien sich in alles ergeben zu haben. (Goethe, 1972, 329)

Ottilies Tod geht im Roman hervor aus Eduards Angst vor Trennung, die ihn darauf bestehen läßt, die beiden Frauen – Charlotte und Ottilie – müßten selbst dann noch zusammen bleiben, wenn ihre Beziehung unhaltbar geworden ist. Dabei spielt eine gewichtige Rolle, daß sich Eduards Trennung und Ablösung von seiner Mutter einst ebenso traumatisch vollzogen hat, wie er es jetzt im Hinblick auf Ottilie fürchtet. Stand er der Mutter zuerst übermäßig nahe, so wandte sie sich in dem Maße von ihm ab, wie er sich – entwicklungsbedingt – von ihr entfernte: „... Nun schien ich ihr kaum anzugehören", heißt es im Text. Diese Erfahrung soll Ottilie erspart bleiben, zumal ihre Vorgeschichte schon durch massive Traumatisierung beeinträchtigt wurde: sie verwaiste so früh, daß sie wahres Zugehörigkeitsgefühl nie kennenlernen konnte. Übergenau kann sie sich noch der Worte entsinnen, mit denen Charlotte einst – Ottilie im Schlaf wähnend – das um seine Aussichten gebrachte Waisenkind bedauerte:

> Du schildertest meine abhängige Lage, und wie mißlich es um mich stehen könnte, wenn nicht ein besonderer Glücksstern über mich walte. Ich faßte alles wohl und genau, vielleicht zu streng, was du für mich zu wünschen, was du von mir zu fordern schienst. Ich machte mir nach meinen beschränkten Einsichten hierüber Gesetze; nach diesen habe ich lange gelebt, nach ihnen mein Tun und Lassen eingerichtet, zu der Zeit, da du mich liebtest, für mich sorgtest, da du mich in dein Haus aufnahmest, und auch noch eine Zeit hernach. (S. 217)

Ottilie hat also realiter das erlebt, was Eduard allenfalls im übertragenen Sinne – intrapsychisch – erfahren hat. Wieder ist die weibliche Figur die betroffenere und der männliche Teil derjenige, der die Phantasie hegt, ihrem Schicksal eine Wendung zum Guten geben zu können. Nur wird Eduards Wunsch von Goethe – den der darin zum Ausdruck kommende Eigensinn bekanntlich so irritierte, als handele es sich um eine reale Person – eindeutig negiert. Am Ende des Romans steht Ottilies Nahrungsverweigerung – für moderne Leser nicht schwer zu deuten – und eine Art von gemeinsamem Suizid. Fast ist es, als habe sich Goethe in diesem Roman zum Ziel gesetzt, den tragischen Implikationen von Jacob Grimms „Unglückskind" zu voller Evidenz zu verhelfen.

Das Adoptionsmotiv bei Jean Paul und Heinrich v. Kleist

I.

Neben der Mutterfigur vom Typus der Frau Gothel, Frau Holle oder Jungfrau Maria gibt es in den Grimm'schen Märchen die Gestalt des „treuen Begleiters", der für einen männlichen Protgonisten Vaterfunktion übernimmt. Dazu rechnet der Wilde Mann im „Eisenhans", der Eiserne Heinrich im „Froschkönig" oder der Treue Johannes, dazu eine Reihe sprachmächtiger nicht-menschlicher Wesen wie der Zwerg in „Das Wasser des Lebens" oder der Fuchs in „Der goldene Vogel". Bewegt sich ihr Zögling auf eine Gefahr zu oder weicht er vom Wege ab, bleiben sie stets an seiner Seite und nehmen es mit den ihm drohenden Gefahren auf. Treue und Standfestigkeit erscheinen an ihnen gelegentlich sogar überbetont: der Treue Johannes verfällt der Versteinerung; das Herz des Eisernen Heinrich liegt in Banden, die nach der Erlösung seines Herrn mit lautem Krach abspringen. Solche Charakteristika der Vater- und Mentorfigur finden sich manchmal sogar im realistischen Roman – hier dann in der Verbindung mit dem Motiv der Adoption, das im Märchen nur eine implizite Rolle spielte.

Hervorstechendstes Beispiel eines solchen „Adoptivromans" ist Jean Pauls 1803 erschienener „Titan", dessen unglaublich verwickelte Herkunftsverhältnisse sich etwas übersichtlicher darstellen, sowie man die Funktion des „treuen Begleiters" im Auge behält. Albano de Cesara ist ein nachgeborener Fürstensproß, der die Thronnachfolge erst antreten kann, wenn bestimmte Intrigen entschärft worden sind; hier soll ihm die Figur eines zweiten Vaters hilfreich zur Seite stehen. Nachdem Albano seine Kindheit (ausgenommen die ersten drei Jahre) in einer bürgerlichen Familie verbracht hat, trifft er mit dem Erreichen der Mündigkeit auf Gaspard de Cesara, dessen Namen er trägt und den er für seinen wahren Vater halten muß. Gaspard ist jedoch nur ein Mentor, dem die Aufgabe zufällt, Albano unter einem Decknamen bei Hofe einzuführen und die Vaterrolle so lange zu spielen, wie die Anwartschaft auf den Thron mit Risiken behaftet ist. Gaspard ist also nur ein weiterer Adoptivvater und legt in dieser Rolle Eigenschaften an den Tag, die von fern an die Versteinerung des „Treuen Johannes", die über dem Herzen liegenden Bande des „Eisernen Heinrich" erinnern.

Die erste Begegnung von „Vater" und „Sohn" findet in einer südlichen Landschaft statt, die von der gewohnten deutschen Umgebung absticht und mit Nachdruck als mythologisches Terrain dargestellt wird. Der Adoptionsmythos will, daß die zu Gaspard de Cesara gehörende Frauenfigur lange tot ist (angeblich schon seit Albanos drittem Jahr), und daß eine dazugehörige Schwester Albanos als verschollen gilt. Daß die auf der südlichen Insel verbrachten ersten drei Lebensjahre ein traumatisches Ende fanden, wird Albano als Grund genannt, warum er in der Familie Wehrfritz aufgezogen wurde; für Jean Paul ein Anlaß, die fehlende Mutter und fehlende Schwester durch mythologische Phantasien zu ersetzen. In der Mythologie ist es Apoll, der seine Kindheit mit der Mutter Leto und der Zwillingsschwester Artemis auf Delos verbringt; Jean Paul rührt an diese mythologische Schicht, wenn er Albano mit antiken Götterbildern vergleicht: „… In Mailand hatten viele gewünscht, er wäre von Marmor und stände mit ältern versteinerten Göttern entweder im Farnesischen Palast oder im Klementinischen Museum oder in der Villa Albani" (1983, S. 11). „Als wenn er seine Mutter fände, so fand er jetzt die Natur", heißt es weiter (S. 14), und schließlich mündet die Wiederbegegnung mit der frühen Kindheit in ergriffenes Weinen: „… Aus der reinen blassen Sonne sah ihn seine Mutter an, und im Feuer und Rauch der Erde stand sein Vater und sein Leben eingehüllt" (S. 21). „Ich werde weinen, wenn ihr euch nicht liebt", scheint die kosmisch-mythologische Mutter Vater und Sohn zuzurufen: eine Konstruktion, die Jean Paul zuhilfe nimmt, um so Albanos erster Begegnung mit dem Vater-Mentor Gaspard die im Wesen dieses Mannes enthaltene potentielle Schärfe zu nehmen.

Es ist bezeichnend für Don Gaspard, daß ihn einer seiner „Starrsucht"-Anfälle überkommt, als er Albano in die Arme schließen soll. Der Leser versteht, daß es sich um einen Mann handelt, der auf emotionale Ansprüche in dieser Weise reagiert. Da Jean Paul an dieser Stelle des Romans noch keinen Zweifel an der Vaterschaft Gaspards hat aufkommen lassen, könnte sich der realistisch orientierte Leser fragen, wie echt so gebremste Vatergefühle wirklich seien. Da sich Albano im Übermaß des Gefühls kurz vorher zur Ader gelassen hat, stehen sich im Augenblick der Begegnung ein wie vom Schlag gerührter Don Gaspard und ein blutender, übermäßig gefühlsoffener Albano gegenüber:

> … Es war Don Gaspard. Die Funken-werfende Ordenskette aus Stahl und Edelsteinen verriet ihn. Die Starrsucht, seine alte Krankheit, hatt' ihn ergriffen. „O Vater", rief Albano erschrocken und umfaßte die unbewegliche Gestalt, aber er drückte gleichsam den kalten Tod ans Herz. Er schmeckte die Bitterkeit einer Hölle – er küßte die starre Lippe und rief lauter – endlich trat er vor ihm mit fallenden Armen zurück, und die aufgedeckte Wunde blutete ungefühlt nieder (…) Hier schlug erwachend Gaspard die Augen auf und sagte: „Willkommen, mein lieber Sohn!" – Da sank ihm mit unüberschwenglicher Seligkeit und Liebe das Kind ans Vaterherz und weinte und schwieg. „Du blutest, Albano," sagte Gaspard, ihn sanft zurückstemmend, „verbinde dich". – „Laß mich bluten, ich will mit dir sterben, wenn du stirbst … o wie hab' ich so lange nach dir geschmachtet, mein guter Vater!" sagte Albano, noch tiefer erschüttert von dem kranken väterlichen Herzen, das er jetzt an seinem heftiger schlagen fühlte. „Recht gut, verbinde dich aber!" sagt' er; und als der Sohn es tat und während des schnellen Umwickelns mit unersättlicher Liebe in das väterliche Auge schauete, und als das Auge nur kalte Blitze warf wie sein Ring-Juwel – so schlug auf den Kastaniengipfeln, dem heutigen Throne der Morgensonne, der leise Mond sein frommes Auge stillend auf, und dem entflammten Albano war es an diesem kindlichen und mütterlichen Wohnplatze, als schaue der Geist der Mutter vom Himmel und rufe: „Ich werden weinen, wenn ihr euch nicht liebt." (S. 37)

An anderer Stelle wird Gaspards Kälte mit der „Ruhe auf dem erhabenen Angesichte der Juno Ludovisi" verglichen (S. 15): eine aufschlußreiche Stelle, denn als eines der Vorbilder für die Gestalt dieses Vaters wird hier Goethe erkennbar, dessen klassisch-klassizistische Kunstauffassung bei der Konzeption und Abfassung des „Titan" – in der Zeit um 1800 – Pate stand.

Don Gaspard und die Juno Ludovisi bilden miteinander ein Paar von „Übergangseltern", die die genaue Mitte halten zwischen den empirischen Eltern – Wehrfritz und seine Frau Albine – und den allenfalls geahnten, sich der Apperzeption jedoch entziehenden leiblichen Eltern Albanos (Fürst und Fürstin von Hohenfließ). Der Phantasie solcher „Übergangseltern" kann man zuweilen bei Kindern und Jugendlichen begegnen, die wohl ahnen, daß sie bei Adoptiveltern aufwachsen, denen aber jedes genauere Wissen um ihre wahre Herkunft vorenthalten wird. Zwar begegnet der kindliche Albano einmal der Landesfürstin, die im Wagen an seinem Elternhaus vorbeikommt; aber nur Jean Pauls Beschreibung der Szene läßt ahnen, daß sich etwas Besonderes hinter dieser Begegnung verbirgt. Es ist Albanos leibliche Mutter, die Albano lächelnd mit seiner (Adoptiv-)Schwester Rabette vergleicht und ihr Gesicht dabei hinter einem „Haubengebüsch" versteckt:

> ... hier sah er mit der liebenden Achtung eines Dorfjünglings der bejahrten, aber rotwangigen hochstämmigen Fürstin auf das von der Zeit aufgebogene Kinn und ins freundliche Antlitz, das sich in ein ganzes tiefes Haubengebüsch – vielleicht zur Decke der vielen Lebenslinien – vergrub. Sie wiegte diesen Kopf lächelnd-vergleichend, im Wahne der Verschwisterung, zwischen ihm und Rabetten hin und her, weil Mütter immer an Müttern zuerst nach den Kindern sehen. (S. 134)

Jean Paul läßt offen, ob der Fürstin selbst bewußt ist, daß sie ihrem eigenen Sohn ins Gesicht sieht; der „Wahn der Verschwisterung" läßt verschiedene Deutungen zu. An einer anderen Stelle des Romans durchstreift Albano ein in der Nähe des Elternhauses gelegenes Dickicht und wird von panischem Schrecken erfaßt, als plötzlich zwei im Dickicht verborgene Personen seinen Namen aussprechen. Aus dem „Haubengebüsch" wird hier eine von Bäumen und dem Rauschen eines Baches gebildete Landschaftskulisse:

> ... Endlich nach dem Fortschritte einiger Stunden in Zeit und Raum hört' er hinter den lichtern Birken und hinter einem stärkern Rauschen als des Baches seinen Name von zwei weiblichen Stimmen öfters leise und lobend nennen. (S. 80)

Erschrocken weicht Albano zurück – und wird schon bald darauf wieder von der Atmosphäre des Hauses Wehrfritz aufgenommen. Es ist, als habe ein von der Natur selbst gezogener Schleier oder Grenzzaun ihn daran gehindert, das Geheimnis seiner Herkunft vor der Zeit aufzudecken und die gravierendste Erfahrung zu machen, die ein Adoptivkind machen kann: mit einem Schlage nicht mehr zu wissen, wohin es gehört. Erst nachdem Jean Paul gegen Ende des Romans alle Geheimnisse aufgedeckt hat, kommt er in einer Fußnote auf Albanos Kindheitspanik zurück und schreibt die zwei weiblichen Stimmen hinter den Birken Albanos leiblichen Eltern zu:

> ... Im Gange durch das Birkenwäldchen erinnerte er sich noch wohl der Stelle, wo einst zwei Stimmen, seine Eltern, seinen Namen ausgesprochen hatten. (S. 876)

Die Szene bleibt jedoch insofern rätselhaft, als Jean Paul nicht erklärt, warum es zwei weibliche Stimmen waren. Es ist, als würde das Männliche stillschweigend dem Weiblichen subsumiert und verliere dabei seine männliche Eigenart. Da die Szene so tief in Natur eingebettet ist und Natur bei Jean Paul stets mütterlichen Charakter hat, liegt die Erklärung nahe, daß „Natur" den Unterschied zwischen männlicher und weiblicher Stimme gleichsam einebnet, bis zuletzt nur eine einzige Instanz übrig bleibt, die sich mit sich selbst in einem Monolog, einem auf zwei „Stimmen" verteilten imaginären Dialog befindet.

Allem Anschein nach wird also Albano vom Autor mit dem Vorrecht ausgestattet, Sproß der Natur zu sein und von ihr selbst vor den Gefahren und Verwicklungen geschützt zu werden, die einem mit soviel Herkunftsproblematik belasteten Kind drohen. Mit der Natur bildet Albano eine fraglose Einheit wie in der folgenden Kindheitserinnerung:

> ... Er war nämlich oft im Mai auf einen säulendicken Apfelbaum, der ein ganzes hängendes grünes Kabinett erhob, bei heftigem Wind gestiegen und hatte sich in die Arme seines Gezweigs gelegt. Wenn ihn nun so die schwankende Lusthecke zwischen dem Gaukeln der Lilienschmetterlinge und dem Summen der Bienen und Mücken und dem Nebeln der Blüten schaukelte, und wenn ihn der aufgeblähte Wipfel bald unter fettes Grün versenkte, bald vor tiefes Blau und bald vor Sonnenblitze drehte: dann zog seine Phantasie den Baum riesenhaft empor, er wuchs allein im Universum, gleichsam als sei er der Baum des unendlichen Lebens, seine Wurzeln stiegen in den Abgrund, die weißen und roten Wolken hingen als Blüten in ihm, der Mond als eine Frucht, die kleinen Sterne blitzten wie Tau, und Albano ruhte in seinem unendlichen Gipfel, und ein Sturm bog den Gipfel aus dem Tag in die Nacht und aus der Nacht in den Tag. (S. 34)

Kein Zweifel, daß es sich hier um das handelt, was seit Sigmund Freud als ozeanische Phantasie bezeichnet zu werden pflegt (Freud, 1930, S. 422). Kraft dieser Phantasie – die sich im Roman noch etliche Male manifestiert – bleibt Albano mit sich selbst im Einklang und entgeht der Gefahr der Zersplitterung, wie man sie bei Kenntnis seiner Biographie eigentlich bei ihm erwarten sollte. Man könnte vermuten, daß Jean Paul seinem Helden diese Fähigkeit wie etwas Angeborenes zuschreibt, was aber doch nicht ganz der Fall ist; zumindest an einer Stelle von Albanos Kindheitsbeschreibung ist es die ihm nahestehende menschliche Mutterfigur Albine, die ihn vor solcher Gefahr umsichtig zu bewahren weiß. Als es am gleichen Tag, an dem Albano die beiden Stimmen belauschte, zu einem Zerwürfnis zwischen ihm und dem Adoptivvater Wehrfritz kommt, weiß ihn Albine am Fortlaufen zu hindern:

> „Albano", sagte sie freundlich-verstellt, „in der kalten Nachtluft bist du?" – Von diesem Nachgehen und Anreden der allein beleidigten Seele wurde seine volle, der eine Ergiessung, es sei durch Tränen oder Galle nötig war, so sehr ergriffen, daß er mit einem gichterischen Reißen des überspannten Herzens an ihren Hals aufsprang und sich daran auflöste und weinend hing. (S. 102)

Ganz im Sinne dieser Stelle erwähnt Jean Paul andernorts die „kindliche Liebe", die Albano gegenüber den Eltern Wehrfritz empfindet und die „nur gegen ein Herz entsteht, woran wir lange lagen, und das uns gleichsam mit den ersten Herzblättern gegen kalte Nächte und heiße Tage beschirmt" (S. 157)

Vergegenwärtigt man sich die bisher zitierten Stellen, so ist das Überraschendste für einen modernen Leser die psychologische Stimmigkeit dieses „Adoptivromans". Die einzige Mühe, die der Leser in Kauf nehmen muß, ist die über einen langen Text verteilte Anordnung der Schlüsselstellen sowie deren Einbettung in eine (bewußt in die Irre führende) Romanintrige. Aber nicht nur bei Jean Paul, auch bei späteren Romanautoren wie Charles Dickens und Henry James, Dostojewski und Heimito von Doderer findet sich diese Anordnung, derzufolge die Romanintrige als eine Art Gerüst oder Netzwerk fungiert, worin sich die – explizit schwer darstellbare – Adoptionsphantasie fängt. Behält man diese doppelte Anlage des „Titan" im Auge, wird man gewahr, daß nahezu jedes Detail eine Doppelfunktion innehat: angefangen schon beim Titel, der je nach Betonung auf die Vorstellung eines mythologischen Himmelsstürmers oder eines aus der Tiefe aufsteigenden Sonnengottes hinweist. Vieldeutig ist auch die den ganzen Roman durchziehende Phantasiefigur der „Schwester", von der bereits gesagt wurde, daß sie ursprünglich auf eine schon frühzeitig verschwundene und seither ins Mythologische gesteigerte „Zwillingsschwester" zurückgeht. Sooft Albano einen Schritt unternimmt, der ihn der Auflösung seines Herkunftsromans näherbringt, taucht jedesmal eine andere „Schwester" am Horizont auf. Gleichzeitig ist aber auch die Gefahr vorhanden, daß sich hinter jeder neuen Geliebten Albanos die wahre Schwester verborgen halten könnte, was seine erotischen Beziehungen mit einem inzestuösen Risiko belädt. Als sich Albano in Don Gaspards Pflegetochter Linda de Romeiro verliebt, geht er ein solches Risiko ein: daher das zugleich Hochgespannte und Prekäre dieser Beziehung. Die Figur der Agathe in Musils „Mann ohne Eigenschaften", die zugleich Zwillingsschwester und Geliebte ist, ist so in Albanos Schwesterfigur bereits vorgebildet.

II

Eine andere Vieldeutigkeit des „Titan" besteht darin, daß der Protagonist – dem Titel gemäß – in zwei antagonistische Figuren zerlegt worden ist. „Schildere im dritten Roman ein gutes ideales Genie", hatte sich der Autor der „Unsichtbaren Loge" und des „Hesperus" beim Entwurf des „Titan" abverlangt, mit der Konsequenz, daß alle diesem Entwurf widerstrebenden unerwünschten Eigenschaften sich in einem zweiten Protagonisten – Roquairol – niederschlagen mußten. Obwohl ehelicher Sohn aus vornehmem Haus, leidet Roquairol unter jenem vollen Ausmaß innerer Zerrissenheit, das man bei Albano hätte erwarten können und dann doch überraschenderweise nicht bestätigt fand. Schon die ersten Nachrichten, die von dem kindlichen Roquairol zu Albano hinüberdringen, sind beunruhigender Natur, darunter die von einem Selbstmordversuch im Wertherkostüm. Verliebt in die bereits erwähnte Linde de Romeiro, macht Roquairol Gebrauch von einer Pistole, um seinen Wünschen – oder seiner Frustration – Nachdruck zu verleihen:

… Er lief außer sich nach Hause, nahm Werthers Anzug und Pistole und kam wieder. Dann trat er mit einem physiognomischen Orkan des Gesichtes vor sie hin und sagte

> – das Gewehr vorzeigend –, er mache sich hier auf dem Saale tot, falls sie ihn verstoße. Sie sah ihn ein wenig zu vornehm an und fragte, was er wolle. Aber Werther – halb trunken von Lottens Reizen, von Werthers Leiden und von Punsch – drückte nach dem fünften oder sechsten Nein (an öffentliches Agieren schon gewöhnt) vor der ganzen Maskerade das Schießgewehr auf sich ab, lädierte aber glücklicherweise nur das linke Ohrläppchen – so daß nichts mehr hineinzuhängen ist – und streifte den Seitenkopf. Sie entfloh plötzlich und reiste sogleich ab, und er fiel blutend darnieder und wurde heimgetragen. (S. 101)

Solch „öffentliches Agieren" charakterisiert Roquairol schon frühzeitig als Gegenspieler Albanos, der tiefe Gefühle eher scheu in sich verschließt. Zwei gegensätzliche Exponenten der Goethe-Nachfolge stehen einander gegenüber: Roquairol ein Goethe-Imitator (was ihn Werthers Suizid agieren läßt), Albano ein disziplinierter Schüler des klassischen Goethe. Noch während Albano von Roquairol fasziniert ist und eine Freundschaft mit ihm ersehnt, flicht Jean Paul Warnungen in seinen Roman ein, die den Leser auf Roquairols ständig drohende Entgleisungsgefahren hinweisen. Er sei ein „fremder, unheimlicher Geist, dem wir nicht mehr trauen können", heißt es in Anspielung auf den Suizidversuch von einst (S. 274). Roquairols dämonisch-diabolische Züge kommen voll zum Vorschein, als er erkennen muß, daß Linda de Romeiros Liebe Albano gehört. „Wie der böse Geist auf der Zinne des Paradieses" steht er an einer erhöhten Stelle des Landschaftsgartens und seht auf die Szene herunter, die zum Schauplatz seiner neuesten Untat werden soll. In der Maske Albanos will er sich Linda nähern und sich deren Nachtblindheit sowie die stimmliche Ähnlichkeit mit Albano zunutze machen. Wie er einst als Knabe mit einem „physiognomischen Orkan des Gesichts" vor Linda hingetreten hingetreten ist, macht er sich hier das ungewisse Licht und den Aufruhr der Elemente zu Verbündeten:

> Jetzt sah er am Himmel die Sturmwolken wie Sturmvögel zwischen den Sternen und neben dem zornigen Blutauge des Mars schon heller fliegen: der Mond, der ihn verjagte und verriet, warf bald das Richter-Auge eines Gottes auf ihn. Im Hohne gegen das Schicksal riß er auf für seine küssende Wut den Nonnenschleier und Heiligenglanz ihrer jungfräulichen Brust. Fern stand der Leuchtturm des Gewissens, von dicken Wolken umzogen. (S. 786).

Roquairols Rechnung geht nicht auf; die kosmischen Instanzen ergreifen für Albano Partei. Indem sich Roquairol an der Braut eines anderen vergeht, fordert er wie Mozarts Don Giovanni den Vergeltungsschlag der Gewissensinstanz heraus; und in der Tat spielen Elemente des „Don Giovanni" in die Inszenierung hinein, die Roquairol für die Hofgesellschaft vorbereitet: Albano und Linda, unter den geladenen Gästen sitzend, erfahren von der Bühne her, wie ihnen mitgespielt worden ist. Roquairol kommt hier zuguterletzt doch noch in die Lage, sich in Imitation mit berühmten Bühnenfiguren selbst hinzurichten; bevor er jedoch den tödlichen Schuß auf sich abgibt, nennt er den entscheidenden Grund seiner Verzweiflung: „Sollte sich am Ufer der Ewigkeit das, was die Zeit an diesem Ufer abspült, wieder anlegen: so hab ichs dort schlimm, ich kann mich dort wo wenig ändern wie hier" (S. 802).

Jean Pauls Roquairol ist unverkennbar von einer Pathologie gezeichnet, die D.W. Winnicott als Struktur eines „falschen Selbst" (1974) beschrieben hat.

Um der Umwelt als feste, fertige Gestalt gegenübertreten zu können, muß er vorgeformte Figuren wie Werther oder Don Giovanni imitieren, und ein in ihm wirksamer Neid auf das überzeugendere Vorhandensein anderer verhindert, daß er von den ihm zuteil werdenden guten Erfahrungen Gebrauch machen, sich dadurch zu „ändern" vermag. Die Anziehung der beiden Freunde war im wesentlichen darin begründet, daß jeder im anderen auf einen Existenzentwurf stieß, der seinem eigenen zutiefst zuwiderlief. Für Albano war es faszinierend, auf ein Gegenüber zu treffen, das sich nur unter angelernten Gesten und in literarischem Kostüm „wirklich" fühlt; für Roquairol waren Albanos Authentizität und Übereinstimmung mit sich selbst Anlaß, sich eine Zeitlang seiner destruktiven Möglichkeiten zu enthalten.

Nur eine knappe Generationsspanne, und es genügte einem Dichter bereits nicht mehr, einer destruktiven Figur von der Art Roquairols nur von deren idealem Gegenpol her literarisches Existenzrecht zu verschaffen. In Heinrich von Kleists „Findling" aus dem Jahre 1811 wird der den Weg versperrende gute Gegenspieler – das heißt hier: der wahre, legitime Sohn – so überaus rasch aus dem Wege geräumt, daß keinem der Beteiligten zu Bewußtsein kommt, was in Wahrheit geschehen ist. Erst als der Kaufmann Piacchi heimfährt, hat er Muße, sich den fremden Jungen näher anzusehen, der ihm an Stelle seines eigenen Sohnes verblieben ist. In der Konstruktion der Geschichte ist es so, daß der fremde Junge ihm elternlos zulief, aber die Pest in sich trug, an der Piacchis wahrer Sohn erkrankte und starb:

> Auf der Straße, vor den Toren der Stadt, sah sich der Landmäkler den Jungen erst recht an. Er war von einer besondern, etwas starren Schönheit, seine schwarzen Haare hingen ihm, in schlichten Spitzen, von der Stirn herab. ein Gesicht beschattend, das, ernst und klug, seine Mienen niemals veränderte. Der Alte tat mehrere Fragen an ihn, worauf jener aber nur kurz antwortete: ungesprächig und in sich gekehrt, saß er, die Hände in die Hosen gesteckt, im Winkel da, und sah sich, mit gedankenvoll scheuen Blicken, die Gegenstände an, die an dem Wagen vorüberflogen. Von Zeit zu Zeit holte er sich, mit stillen und geräuschlosen Bewegungen, eine Handvoll Nüsse aus der Tasche, die er bei sich trug, und während Piachi sich die Tränen vom Auge wischte, nahm er sie zwischen die Zähne und knackte sie auf.

Obwohl sich in dem Verhalten des Kindes eine stumme Aggressivität auszudrücken scheint, entschließt sich Piachi, den Findling aufzuziehen und zu adoptieren:

> In Rom stellte ihn Piachi, unter einer kurzen Erzählung des Vorfalls, Elviren, seiner jungen trefflichen Gemählin vor, welche sich zwar nicht enthalten konnte, bei dem Gedanken an Paolo, ihren kleinen Stiefsohn, den sie sehr geliebt hatte, herzlich zu weinen; gleichwohl aber den Nicolo, so fremd und steif er auch vor ihr stand, an ihre Brust drückte, ihm das Bette, worin jener geschlafen hatte, zum Lager anwies, und sämtliche Kleider desselben zum Geschenk machte. Piachi schickte ihn in die Schule, wo er Schreiben, Lesen und Rechnen lernte, und da er, auf eine leicht begreifliche Weise, den Jungen in dem Maße lieb gewonnen, als er ihm teuer zu stehen gekommen war, so adoptierte er ihn, mit Einwilligung der guten Elivre, welche von dem Alten keine Kinder mehr zu erhalten hoffen konnte, schon nach wenigen Wochen, als seinen Sohn.

So wächst Nicolo unter der Obhut Piachis zu einem jungen Mann heran, und Piachi, der „ein geschworner Feind alle Bigotterie" ist, hat nichts an ihm auszusetzen

> ... als den Umgang mit den Mönchen des Karmeliterklosters, die dem jungen Mann, wegen des beträchtlichen Vermögens, das ihm einst, aus der Hinterlassenschaft des Alten, zufallen sollte, mit großer Gunst zugetan waren; und nichts ihrerseits die Mutter, als einen früh, wie es ihr Schien, in der Brust desselben sich regenden Hang für das weibliche Geschlecht.

Das aber ist – indem nämlich die Gunst der Mönche auf den Tod Piachis zielt und die frühreife Sexualität ein Ausweichen vor Elvire ist – eine Umschreibung der Tatsache, daß Nicolo an die Ödipus-Phantasie fixiert geblieben ist. Als würde dies von den Eltern wahrgenommen, bemühen sie sich, Nicolo früh am Geschäft zu beteiligen und ihn mit einer Nichte Elvires zu verheiraten, in der Hoffnung, es werde „wenigstens das letzte Übel damit an der Quelle verstopft".

Aber kaum ist die junge Frau in den Wochen gestorben (eine Wiederholung des ursprünglichen Traumas, durch das Nicolo verwaiste?), als die sexuelle Gier wieder hervortritt und bei den Pflegeeltern erneuten Anstoß erregt. Sie beschließen, ihn zu beschämen und die Verstorbene heimlich beizusetzen, Nicolo jedoch unter dem Vorwand eines Stelldicheins an den Ort des Leichenbegängnisses kommen zu lassen. In der Tat fühlt sich Nicolo tief beschämt und entwickelte „einen brennenden Haß gegen Elviren", in der er die Urheberin des beschämenden Vorfalls vermutet. In Wahrheit war Piachi der Urheber; aber daß Nicolo sich vor allem von Elvire bloßgestellt fühlt, kommt nicht von ungefähr. Gleich bei der Ankunft aus Ragusa hatte sie ihn wehmütig mit dem toten Stiefsohn verglichen und ihm in der Folge nur eine ruhige, gleichmäßige Neigung entgegengebracht. Denn Elvire, „die wenige Wünsche in der Welt hatte", ist eine Frau, deren Libido fast völlig von einem unbekannten, der Vergangenheit angehörenden Liebesobjekt aufgezehrt wird, was ihrer Umwelt notgedrungen als Abkehr von der Objektwelt erscheinen muß. Piachi hat sich mit dieser Tatsache abgefunden und kennt die Ursache ihrer weltabgewandten Einstellung; Nicolo widmet sich ihrer Erforschung mit brennender Neugier. Ein junger Ritter, dessen Porträt noch immer in Elvires Zimmer hängt und hier in einsamen Stunden der Gegenstand eines Totenkultes ist, hat Elvire als Dreizehnjährige aus einem brennenden Haus gerettet und sie an einem Tuch in die tobende See hinabgelassen; dabei hat ihm jedoch ein herabstürzender Balken eine tödliche Schädelverletzung zugefügt. Elvire ist dem Aufruhr der Elemente entkommen; um so stärker ist jetzt ihr Bedürfnis, sich allem Gefährlich-Unkontrollierbaren zu entziehen und bei einem *Bilde* Schutz zu suchen.

Nicolo besitzt nun, ohne es zunächst zu wissen, eine geheimnisvolle Ähnlichkeit mit dem toten Ritter auf dem Bild, was zur Folge hat, daß Elvire einmal bei seinem Anblick, als er in der Maske eines genuesischen Ritters vom Karneval kommt, ohnmächtig niedersinkt. Bei dieser Gelegenheit regt sich in Nicolo ein erster Verdacht, Elvire könne für die Erscheinung eines fremden Mannes empfänglich sein, und von hier ist es nicht weit bis zum Gedanken, ihren Sinn von dem „Alten", von Piachi ab- und sich selber zuzuwenden. Dieser Gedanke taucht erstmals in ihm auf, als Elvire zufällig ein Zimmer betritt, in dem sich außer Nicolo ein Mädchen „geschürzt und geschminkt", Zofe einer stadtbekannten Kurtisane, befindet. Hieran knüpft Nicolos Verlangen an:

> … Zugleich war ihm Elvire niemals schöner vorgekommen, als in dem Augenblick, da sie, zu seiner Vernichtung, das Zimmer, in welchem sich das Mädchen befand, öffnete und wieder schloß. Der Unwille, der sich mit sanfter Glut auf ihren Wangen entzündete, goß einen unendlichen Reiz über ihr mildes, von Affekten nur selten bewegtes Antlitz; es schien ihm unglaublich, daß sie, bei soviel Lockungen dazu, nicht selbst zuweilen auf dem Wege wandeln sollte, dessen Blumen zu brechen er eben so schmählich von ihr gestraft worden war. Er glühte vor Begierde, ihr, falls dies der Fall sein sollte, bei dem Alten denselben Dienst zu erweisen, als sie ihm, und bedurfte und suchte nichts, als die Gelegenheit, diesen Vorsatz ins Werk zu richten.

So vereinigen sich Begierde und Rachebedürfnis zu dem Vorsatz, den „unschätzbaren Augenblick" zu finden, „da er die Scheinheilige entlarven könne". Nachdem er herausgefunden hat, daß ihre ganze Liebe dem Porträt des jungen Ritters in ihrem Zimmer gilt, verschafft er sich Zutritt und erschrickt beim Anblick des überlebensgroßen gemalten Gegenübers: „er wußte selbst nicht warum: und eine Menge von Gedanken fuhren ihm, den großen Augen des Bildes, das ihn starr ansah, gegenüber, durch die Brust". Er weiß noch nicht, daß er seinem Ebenbild oder Doppelgänger begegnet ist, wozu auch die geheimnisvolle Tatsache gehört, daß der Name des Ritters – Colino – durch logographische Umkehrung seinen eigenen Namen – Nicolo – ergibt.

Als er hinter dieses Geheimnis kommt, bezieht er die Zeichen der Liebe, die er in dieser oder jener Form an Elvire beobachtet, auf sich:

> … Der Gedanke, die Leidenschaft dieser, als ein Muster der Tugend umwandelnden Frau erweckt zu haben, schmeichelte ihn fast eben so sehr, als die Begierde, sich an ihr zu rächen; und da sich ihm die Aussicht eröffnete, mit einem und demselben Schlage beide, das eine Gelüst, wie das andere, zu befriedigen, so erwartete er mit vieler Ungeduld Elvirens Wiederkunft, und die Stunde, da ein Blick in ihr Auge seine schwankende Überzeugung krönen würde.

Elvire ihrerseits ist weit davon entfernt, eine innere Übereinstimmung zwischen Nicolo und „Colino" wahrzunehmen; sie wird allenfalls von der kostümlichen Übereinstimmung – Nicolo als Colino verkleidet – überwältigt. Nachdem Nicolo diesen Zusammenhang erkannt hat, faßt er den Entschluß, sich ihrer in Verkleidung zu bemächtigen. „Beschämung, Wollust und Rache vereinigten sich jetzt, um die abscheulichste Tat, die je verübt worden ist, auszubrüten". Mit seiner „phantastischen, dem Ansehen nach überirdischen Erscheinung" beeindruckt Nicolo Elvire abermals bis zur Ohnmacht und ist anschließend bestrebt, sie in der Stille ihres Schlafzimmers „mit heißen Küssen auf Brust und Lippen aufzuwecken". In diesem Zustand, einem fast schon in die Tat umgesetzten Inzest, trifft der geräuschlos eintretende Piachi Nicolo und Elvire an. Er weist den „Findling" mit einer Reitpeitsche aus dem Hause; Nicolo jedoch, der sich damit ein zweites Mal auf seine Anfangssituation zurückverwiesen sieht, als er dem fremden Manne elternlos zulief, weigert sich, auf seine Stellung im Hause, seinen Anspruch auf das Vermögen oder auf den Besitz Elvirens zu verzichten. Er läßt seine Beziehungen zum Karmeliterorden spielen und erreicht, daß

Nicolo in einem Dekret im Besitz des Vermögens bestätigt „und dem Piachi aufgegeben ward, ihn nicht darin zu belästigen".

Damit aber befindet sich Piachi, zumal Elvire innerhalb weniger Tage dem erlittenen Schock erlegen ist, in einer ähnlichen Lage wie vor ihm Michael Kohlhaas: ja, insofern in einer schlimmeren, als auch die Sohnesfigur mit Libido besetzt war und aufgegeben werden muß. Auch unterbleibt in dieser Erzählung das hilfreiche Eingreifen einer höheren Macht, die selbst dem schwer geschädigten Kohlhaas sein Eigentum – teils in verwandelter Form, teils unverändert – zurückerstattet. Im Falle Piachis bleibt nur totale Leere, nachdem sich die Frau als zerbrechlich und der Sohn als unverbesserlich erwiesen hat. Die Leere füllt sich mit unersättlichem Rachedurst an:

> Durch diesen doppelten Schmerz gereizt, ging er, das Dekret in der Tasche, in das Haus, und stark, wie die Wut ihn machte, warf er den von Natur aus schwächeren Nicolo nieder und drückte ihm das Gehirn an der Wand ein. Die Leute, die im Hause waren, bemerkten ihn nicht eher, als bis die Tat geschehen war; sie fanden ihn noch, da er den Nicolo zwischen den Knien hielt, und ihm das Dekret in den Mund stopfte. Dies abgemacht, stand er, indem er alle seine Waffen abgab, auf; ward ins Gefängnis gesetzt, verhört und verurteilt, mit dem Strange vom Leben zum Tode gebracht zu werden.

Piachi will nicht einmal der Absolution teilhaftig werden, und so verflucht er das „unmenschliche Gesetz, das ihn nicht zur Hölle fahren lassen wollte". Er ruft „die ganze Schar der Teufel herbei, ihn zu holen, verschwor sich, sein einziger Wunsch sei, gerichtet und verdammt zu werden, und versicherte, er würde noch dem ersten besten Priester an den Hals kommen, um des Nicolo in der Hölle wieder habhaft zu werden". Darin liegt auch noch einmal die enttäuschte Liebe, die sich gegenüber dem an Sohnesstatt angenommenen „Findling" als vergeblich erwiesen hat.

ZWEITER TEIL:

FREMDSPRACHIGE LITERATUR

Ein anderer „Findling": Emily Brontës „Wuthering Heights"

Zu Emily Brontës 1847 erschienenem Roman „Wuthering Heights" – deutsch „Sturmhöhe" oder „Die Sturmhöhe" – gibt es eine Interpretation, die unter Verwendung psychoanalytischer Kenntnisse und Denkmodelle die beide Protagonisten als frühzeitig verwaiste, mutterlose Kinder versteht, die auf unterschiedliche Weise auf diesen Verlust reagierten. Unter Berufung auf eine Studie von Joel Kovell schreibt Baruch Hoffmann in einer englischen Ausgabe des Romans:

> Kovell bemerkt, daß Heathcliff im wörtlichen Sinne ein Findling ist, und daß sich der Roman um die Erfahrung mutterloser Kinder organisiert. Folgt man Kovells Auffassung, so ist die Beziehung des Kindes zu seiner Mutter, mit der es einst eine Einheit bildete, das Vorbild der von Heathcliff und Cathy angestrebten Symbiose. Heathcliffs gewaltsames Eindringen in Räume und Häuser ist unter diesem Gesichtspunkt symbolische Darstellung dieses Wunsches. Das Gleiche gilt für Cathy's Verlangen nach Frieden in der Ruhe des Grabhügels. (Hoffmann, 1978, p. 332, eigene Übersetzung).

Für diese Deutung spricht in biographischer Hinsicht die Tatsache, daß Emily Brontë selbst drei Jahre alt war, als sie ihre Mutter verlor. In den beiden Charakteren im Zentrum des Romans – Cathy und Heathcliff – könnten sich also unterschiedliche Reaktionen auf diesen frühzeitigen Verlust verkörpern. Grundsätzlich gilt ja, daß Charaktere in einer Dichtung, die – wie verschieden auch immer – dem gleichen Konflikt oder Trauma im Innern des Autors oder der Autorin entspringen, sich in der Regel unwiderstehlich zueinander hingezogen fühlen und oft erst zur Ruhe gelangen, wenn sie wieder zur Verschmelzung miteinander gekommen sind. In diesem Sinne steht die Cathy oder Catherine des Romans für das Verlangen nach harmonischer Wiedervereinigung mit dem verlorenen Objekt, Heathcliff hingegen für unstillbare reaktive Wut und narzißtische Kränkung. Wenn also Cathy und Heathcliff am Ende des Romans zu einer Art negativer Vereinigung kommen – einer Vereinigung im Tode oder im Grab –, haben auch die auseinandergerissenen Emotionen im Innern der Autorin ihre ursprüngliche Einheit wiedergefunden; der Leser ist mit der Vollständigkeit oder „Ganzheit" der ursprünglichen Reaktion konfrontiert und nun gewissermaßen mit der Autorin bereit, zu einer neuen, womöglich hoffnungsvolleren (Liebes-)Geschichte überzugehen.

Falls die Vermutung zutrifft, daß Emily Brontë mit der Empathie des Lesers rechnete und ihm aus diesem Grunde eine Vielzahl traumatischer Erfahrungen zumutete – das Kern-Trauma der frühen Kindheit in eine Folge von Szenen aufgelöst –, so hat sie zweifellos zu gleicher Zeit Vorkehrungen getroffen, welche die Wucht und Unmittelbarkeit des Anpralls mildern sollten. Die traumatische Geschichte ist indirekt erzählt, und zwar ist der Ich-Erzähler ein Mr. Lockwood, der dem Leser gleich eingangs anvertraut, daß er erotischen Beziehungen, in die er mit traumatischer Wirkung involviert werden könnte, von vornherein ausweicht. Die Geschichte der beiden unglücklich Liebenden auf Wuthering Heights erfährt wiederum er von der Haushälterin, Nelly Dean, die beide Protagonisten, Cathy und Heathcliff, hat aufwachsen sehen. Sie war auch Zeuge, als der Vater Cathys den Findling Heathcliff von der Reise mitbrachte und damit seine Frau und seine Kinder auf eine schwere Probe stellte. Nelly Dean berichtet, daß Mrs. Earnshaw als Herrin des Hauses erbitterten Widerstand leistete, ehe sie sich zögernd mit der Gegenwart des fremden Kindes abfand:

> . Sie fuhr auf und fragte, wie er sich unterstehen könne, diesen Zigeunerjungen ins Haus zu bringen, da sie doch ihre eigenen Kinder zu ernähren und zu versorgen hätten; was er mit ihm zu tun gedächte und ob er wahnsinnig sei. Der Herr versuchte die Sache zu erklären, aber er war halbtot vor Müdigkeit. Das einzige, was ich zwischen ihren Scheltworten heraushören konnte, war, daß er das Kind hungernd, obdachlos und fast stumm vor Erschöpfung in den Straßen Liverpools gesehen und es aufgelesen hatte, um sich nach seinen Angehörigen zu erkundigen. Keine Seele wußte, wohin er gehöre, sagte er, und da er wenig Zeit und Geld hatte, hielt er es für besser, es nachhause mitzunehmen, als sich dort in unnütze Kosten zu stürzen. Denn er wollte es nicht so zurücklassen, wie er es gefunden hatte. Nun, am Ende fügte sich meine Herrin zögernd, und Mr. Earnshaw beauftragte mich, das fremde Kind zu waschen, ihm saubere Sachen zu geben und es bei den Kindern schlafen zu lassen. („Sturmhöhe", 1975, S. 42).

Man hat nicht nur den Eindruck, daß der „Findling" Heathcliff den bis dahin vorhandenen Frieden des Hauses stört, sondern daß er auch allen bis dahin latenten Unfrieden aus der Versenkung hervorlockt. Die beiden Kinder der Earnshaws „heulen" und „spucken"; Nelly, die den Findling auf dem Treppenabsatz gebettet hat, wird vom Hausherrn für einige Tage aus dem Haus verbannt. Wie im Märchen hatten beide Kinder vom Vater Geschenke erhofft, die er von der Reise mitbringen sollte; aber die für Cathy bestimmte Reitpeitsche ist verlorengegangen – ein Zeichen gleichsam, daß die Herrschaft im Haus an jemand anders übergegangen ist, dem Cathy zu gehorchen hat –, und die für den Sohn des Hauses bestimmte Geige ist zerdrückt worden, weil der Findling sich zu stark an seinen väterlichen Wohltäter anlehnt. Der Verlust der Geige erinnert von fern an jenen Kafka-Aphorismus aus der Sammlung „Er", in dem es heißt, daß als Folge individueller Schuld „die bisher immer wenigstens zu ahnende Musik der Welt zum ersten Mal bis in alle Tiefen hinunter abbricht" (Kafka, 1948, S. 203).

Wie zu erwarten ist, entwickelt sich zwischen dem legitimen Sohn – Hindley Earnshaw – und dem Findling eine rein haßerfüllte Beziehung, zwischen Cathy und ihm eine Art Haßliebe. Während sie sich einerseits zu ihm hingezogen fühlt, stört sie auf der anderen Seite die Unruhe, die Heathcliff in ihr Leben hineinträgt. Da bis zu Heathcliffs Ankunft offenbar immer sie der Liebling des Vaters war, rivalisieren sie miteinander um die Liebe des Vaters und setzen diese Rivalitäten über dessen Tod hinaus fort. Nelly Dean berichtet von einem Gespräch, in welchem der Findling ihr von seinem Wunsch spricht, „anständig" und „artig" zu sein, um nicht mit seiner Wildheit und Ungebärdigkeit Cathy aus dem Hause zu treiben:

> „Höchste Zeit, Heathcliff", sagte ich, „du hast Catherine traurig gemacht; ich glaube, es tut ihr leid, daß sie überhaupt nachhause gekommen ist. Es sieht so aus, als ob du sie beneidest, daß man von ihr soviel mehr Wesen macht als von dir." Daß er Catherine beneiden sollte, war ihm unfaßlich, aber daß er sie betrübt hätte, verstand er ganz deutlich. „Hat sie gesagt, daß sie traurig ist?" fragte er mit sehr ernstem Gesicht. (Ebd., S. 61)

Die unparteiische Nelly Dean stößt hier auf einen guten, der Veränderung fähigen Wesenskern in Heathcliff, den sie im Verlauf des Gesprächs zu beeinflussen und zu formen versucht. Für einen modernen, psychoanalytisch geschulten Zuhörer – den es freilich zur Zeit der Abfassung des Romans noch nicht gab – hören sich Nellys Worte fast angstmachend an, so genau hat sie den in Heathcliff' Innerem tobenden Kampf zwischen konstruktiven und destruktiven Seelenkräften erfaßt:

> „... Komm vor den Spiegel, ich will dir zeigen, was du wünschen solltest. Siehst du die beiden Linien zwischen deinen Augen und die dichten Brauen, die, statt sich wie Bogen zu wölben, in der Mitte einfallen; und die zwei schwarzen Unholde, tief darunter verborgen, die niemals ihre Fenster keck öffnen, sondern wie Späher des Teufels glitzernd darunter hervorlauern? Wünsche dir und lerne, die mürrischen Falten zu glätten, deine Augenlider frei und offen aufzuschlagen und die Unholde in vertrauende, unschuldige Engel zu verwandeln, die nicht beargwöhnen und bezweifeln und immer Freunde sehen, wo sie nicht sicher sind, Feinden zu begegnen (...)" (ebd., S. 62-63)

Spätestens an dieser Stelle wird deutlich, daß die immerfort anwesende Nelly Dean mit ihrem psychologischen Durchblick für die Autorin steht und wie diese versucht, allen Figuren des Romans so weit wie möglich gerecht zu werden, also Heathcliff nicht vor der Zeit zu verdammen. Sie verkörpert mit anderen Worten eine Art „fiktives Normal-Ich" des Romans (S. Freud, 1937, S. 85), das durch seine Anwesenheit dafür sorgt, daß die anderen Figuren nicht zu früh ins Pathologische entgleisen. Nelly stellt fest, daß Heathcliff zunächst – bevor er endgültig zum Störenfried wurde – unter der unerträglich schlechten Behandlung litt, die Hindley Earnshaw ihm angedeihen ließ, sobald er die Herrschaft im Hause angetreten hatte:

> Der schlechte Lebenswandel und der schlechte Umgang des Herrn waren ein schlimmes Beispiel für Catherine und Heathcliff. Die Behandlung, die er diesem zuteil werden ließ, hätte genügt, aus einem Heiligen einen Teufel zu machen. Und manchmal schien es damals, als wäre der Bursche von einem Teufel besessen. Mit einem unheiligen Frohlocken wurde er Zeuge davon, wie Hindley sich rettungslos entwürdigte und wie er von Tag zu Tag grausamer und wüster wurde. (S. 72)

Nelly neigt mit anderen Worten nicht von vornherein dazu, Heathcliff zu verteufeln, ihm eine metaphysisch begründete diabolische Beschaffenheit zuzuschreiben. Umso wirksamer sind dann allerdings – literarisch gesehen – die Beklemmungszustände, die sich von Zeit zu Zeit der nüchternen oder doch nüchtern erscheinenden Nelly bemächtigen:

> Heathcliffs Aufenthalt auf Wuthering Heights löste eine nicht zu erklärende Beklemmung in uns aus. Ich fühlte: Gott hat das verirrte Lamm dort seinen eigenen krummen Wegen überlassen, und der böse Wolf lungerte zwischen ihm und der Hürde umher und wartete seine Zeit ab, um zuzuspringen und zu vernichten. (S. 117)

„Manchmal, wenn ich allein saß und über diese Dinge nachdachte, bin ich in plötzlichem Schrecken aufgefahren und habe meine Haube aufgesetzt, um hinzugehen und nachzusehen, wie es auf dem Gute stand", setzt das folgende, elfte Kapitel ein. Dean erinnert hier und an anderer Stelle an die Erzieherin in Henry James' „The Turn of the Screw", die in ähnlicher Weise um das Seelenheil der ihr anvertrauten Schützlinge besorgt ist. Das jüngere, etwa fünfzig Jahre später entstandene Werk von James läßt so eine Dimension in Emily Brontës Roman hervortreten, die vorher vielleicht weniger deutlich war. So wie es der Erzieherin bei James an gesunder Distanz, der Fähigkeit zur Abgrenzung fehlt, ist Cathy bei Emily Brontë von der Gefahr bedroht, mit ihrem Gegenüber zu verschmelzen. „Nelly, ich bin Heathcliff!", sagt sie an einer Stelle des Romans (S. 90), und dieser Identifikationsliebe entsprechend ist es eine psychotische, keine neurotische Störung, in die sie ihre ambivalente Liebe zu Heathcliff stürzt. „Danach weigerte sie sich zu essen", berichtet Nelly Dean, „und jetzt verfällt sie abwechselnd in Raserei und eine Art Traumzustand. Wohl erkennt sie ihre Umgebung, doch ist ihr Geist von allerlei seltsamen Gedanken und Vorstellungen erfüllt" (S. 141).

In dem Maß, in dem Cathy ihr seelisches Gleichgewicht abhanden zu kommen droht, wandelt sich Heathcliff ins Diabolische – ein Hinweis, wie stark die beiden Figuren unterschwellig verbunden sind. Um Cathy heimzuzahlen, daß sie ihren Gutsnachbarn – Edgar Linton – geheiratet hat, verführt Heathcliff dessen Schwester Isabella und mißhandelt sie seelisch so schwer, daß sie an ihrem Verstand, ihren Wahrnehmungen zu zweifeln beginnt. Um ihr Gleichgewicht wiederherzustellen, wendet Isabella sich an Nelly Dean, die mit Cathys Verheiratung auf das Nachbargut übergewechselt ist und nun dort ihre Beobachtungsfunktion fortführt. In Isabellas Brief an Nelly heißt es:

> ... Die zweite Frage, die von großer Wichtigkeit für mich ist, lautet: Ist Mr. Heathcliff ein Mensch? Wenn ja, ist er wahnsinnig? Und wenn nicht, ist er ein Teufel? (S. 148)

Was Heathcliff so diabolisch erscheinen läßt, ist seine Fähigkeit, die Verhältnisse auf Wuthering Heights auf den Kopf zu stellen. Isabella lebt noch nicht lange dort, als sie bereits heruntergekommen und sozial degradiert wirkt, wogegen Heathcliff einem Fremden, „der Geburt und der Erziehung nach, als vornehmer Mann erschienen wäre" (S. 159). Ja, Heathcliff macht auf Nelly Dean den verwirrenden Eindruck, als wäre er „der einzige Mensch dort, der anständig wirkte". Aus dem Findling und Stallknecht von einst ist also ein „Herr" geworden, allerdings auf Kosten der Menschen um ihn herum, einschließlich der seelisch irreversibel veränderten Cathy auf ihrem Nachbargut. Heathcliff hat sich aus seiner Position der Inferiorität herausgearbeitet, indem er sie auf andere abgewälzt hat. Die Unbarmherzigkeit, die er dabei in den Tag legt, veranlaßt Nelly Dean zu der Frage, ob er überhaupt über menschliches Mitgefühl verfüge:

> „Wissen Sie, was das Wort Mitleid bedeutet?" fragte ich und beeilte mich, meine
> Haube aufzusetzen. „Haben Sie in Ihrem Leben jemals einen Hauch davon verspürt?"
> (S. 165)

„Wir haben oft Mitleid für Geschöpfe, die dieses Gefühl weder für sich noch für andere kennen", reflektiert Nelly Dean und definiert noch einmal ihre Rolle im Roman – die Verbalisierung von Gefühlen, die von den anderen so dumpf und unreflektiert erlitten werden, daß an eine Verbalisierung nicht einmal von fern zu denken ist.

Als Cathy – zerbrochen an ihrem Konflikt zwischen den beiden Männern – im Kindbett gestorben ist, fällt abermals Nelly Dean die Aufgabe zu, Heathcliff' Reaktion auf diesen Verlust zu beschreiben. Aufgrund ihrer guten Kenntnis seiner Mentalität ist es ihr möglich, Heathcliff' Innenvorgänge zu erahnen und sie mit seinem schon immer vorhandenen Gut-Böse-Dilemma in Beziehung zu setzen:

> Heathcliff – es graut mir davor, diesen Namen auszusprechen – ist seit dem vorigen
> Sonntag bis heute kaum zu Hause gewesen. Ob die Engel ihn gespeist haben oder die
> bösen Mächte, kann ich nicht sagen, aber er hat seit einer Woche keine Mahlzeit bei
> uns eingenommen. Er ist erst nach Hause gekommen, wenn es dämmerte, ist in sein
> Zimmer hinaufgegangen und hat sich dort eingeschlossen – als ob jemand auch nur
> im Traum Verlangen nach seiner Gesellschaft trüge. Oben hat er unaufhörlich gebe-
> tet wie ein Methodist, nur daß die Gottheit, die er anflehte, Asche und Staub ist und
> daß er Gott, wenn er ihn anrief, seltsamerweise mit dem Teufel verwechselte. (S.
> 187–88).

Spätestens an diesem Punkt des Romans ist auch Heathcliff als prinzipiell psychotisch anzusehen, und zu der Verwechslung von Gott und Teufel, die Nelly an ihm beobachtet oder vermutet, tritt ein psychotisch anmutender Konkretismus hinzu, der ihn die Vorstellung entwickeln läßt, er könne – sofern an Cathys Sarg ein Brett entfernt wird – eines Tages im Grabe mit ihr verwachsen und zur Verschmelzung gelangen:

> „Ich will dir sagen, was ich gestern getan habe. Ich habe den Totengräber (...) veran-
> laßt, die Erde von ihrem Sargdeckel wegzuschaufeln, und habe den Deckel abge-
> nommen. Ich dachte in dem Augenblick, ich müßte da unten bleiben, als ich ihr
> Gesicht wiedersah: es ist noch immer ihres, und der Totengräber hatte seine liebe
> Not, mich wegzubekommen; aber er sagte, es verändere sich, wenn Luft daran käme,
> und so machte ich eine Seitenwand des Sarges los und deckte sie wieder zu (...) Ich
> habe den Totengräber bestochen, daß er das Sargbrett wegnimmt, wenn ich erst da
> liege, und meines auch." (S. 309)

„Schämen Sie sich nicht, den Frieden der Toten zu stören?", fragt Nelly (an die sich Heathcliff' Erzählung richtete), und Heathcliff antwortet:

> „Ich habe keinen gestört, Nelly (...), und mir habe ich ein wenig Erleichterung ver-
> schafft. Von jetzt an werde ich viel ruhiger sein, und ihr habt mehr Aussicht, mich da
> unten stillzuhalten, wenn ich unter der Erde bin. Ihre Ruhe gestört? Nein, sie hat die
> meine gestört, achtzehn Jahre lang, unaufhörlich, erbarmungslos, bis gestern Nacht.
> Und gestern Nacht war ich ruhig. Ich träumte, ich schliefe den letzten Schlaf neben
> ihr; mein Herz schlug nicht mehr, und meine Wange lag eiskalt neben der ihren". (S.
> 309)

Sieht man diese Phantasie konkreten „Zusammenwachsens" als geheimes Zentrum des Romans, wird verständlich, warum die Autorin soviel Distanz aufbieten mußte, um sie dieser psychotisch anmutenden Phantasie entgegenzusetzen. Auch Nelly Dean hält ihre Ratio nur mit Mühe aufrecht: „Ich wußte wirklich kaum, was verborgen und was enthüllt werden sollte", faßt sie diese spezifische Verwirrung in Worte (S. 283). Ihre ständige Reflexion über Heathcliff mündet schließlich in die Erkenntnis ein, daß es keinen Sinn hätte, ihm psychologische Erklärungen anzubieten, da er die Grenze zur Psychose bereits überschritten hat. Nelly kann nur durch ihr direktes Eingreifen verhindern, daß Heathcliffs Destruktion sich auch noch an Cathys Tochter entlädt, die – verwaist und enterbt – mit auf Wuthering Heights lebt. Es kommt zu einem spirituellen Ringkampf zwischen Heathcliff und Nelly, in dessen Verlauf der Leser einen Blick auf die inzwischen gealterte Nelly werfen kann, die keineswegs nur über eine gute Beobachtungsgabe und die Fähigkeit zur Reflexion, sondern auch über einen Körper verfügt:

> „Schurke", schrie ich, „Schurke!" Ein Stoß vor die Brust brachte mich zum Schweigen. Ich bin dick und gerate schnell außer Atem, dazu kam meine Wut: schwindlig taumelte ich zurück, und mir war, als müsse ich ersticken oder der Schlag sollte mich rühren. (S. 290)

Selbst die Heathcliff anfangs durchaus noch wohlgesonnene Nelly stößt hier an ihre Grenzen. Nicht einmal sie könnte Heathcliff' Destruktivität noch in ihre Schranken verweisen, doch kommt ihr im entscheidenden Augenblick zu Hilfe, daß Heathcliff erkennt, daß sich in der jungen Cathy die alte Cathy verbirgt, und daß er im Begriff steht, in der Tochter sein früheres Liebesobjekt zu zerstören. Nelly Dean ist Zeuge, wie die Einsicht in die Identität beider von ihm Besitz ergreift:

> Heathcliffs schwarze Augen glühten, er schien Catherine in Stücke zerreißen zu wollen, und ich wollte ihr gerade zu Hilfe eilen, als seine Finger plötzlich ihren Griff lockerten; er ließ seine Hand von ihrem Kopf auf ihren Arm sinken und starrte ihr gespannt ins Gesicht. (S. 344)

Heathcliff plötzliche Wandlung bestätigt die gelegentlich anzutreffende klinische Erfahrung, daß plötzliches Umschlagen paranoider Feindseligkeit in Depression als Warnsignal betrachtet werden kann, das einem suizidalen Kurzschluß um ein geringes vorausgeht. Heathcliff begeht keinen Suizid, aber seine zuletzt geäußerten Worte lassen wenig Zweifel daran, daß sein bald darauf eintretender Tod als Äquivalent suizidaler Selbstzerstörung angesehen werden kann. Es ist aufschlußreich, daß das Liebesobjekt – Cathy – immer auch als das Haß- oder Neidobjekt von einst fungiert hat, an dessen Nachkommenschaft Rache genommen werden könnte:

> Meine alten Feinde haben mich nicht besiegt; jetzt wäre der Zeitpunkt, mich an ihren Nachkommen zu rächen. Ich könnte es tun, und niemand würde mich daran hindern. Aber was käme dabei heraus? Ich habe keine Lust mehr, zuzuschlagen; es lohnt mir nicht die Mühe, die Hand aufzuheben. Das klingt, als hätte ich die ganze Zeit nur auf das Ziel hingearbeitet, um jetzt eine schöne Geste der Großmut zu machen. Das ist ganz und gar falsch: ich habe die Freude an ihrer Vernichtung verloren, und ich bin

zu träge, etwas zwecklos zu zerstören. Nelly, es geht eine seltsame Verwandlung in mir vor, und ich steht schon in ihrem Schatten. (S. 346-7)

Die Authentizität der Charakterzeichnung ist hier so groß, daß die Schwester Charlotte Brontë – selbst eine Autorin von Rang – sie in ihrem „Editor's Preface" (1974, p. 371) nur noch einmal bekräftigen und unterstreichen konnte:

> Ob es richtig und ratsam ist, Wesen wie Heathcliff zu erschaffen, weiß ich nicht: ich glaube kaum. Aber dies weiß ich; der Schriftsteller, der über die schöpferische Gabe verfügt, besitzt etwas, über das er nicht immer Meister ist – es plant und arbeitet zu Zeiten sonderbar aus sich selbst heraus („something that at times strangely wills and works for itself").

Das Thema Adoption im klassischen Roman

Zu Charles Dickens' „Great Expectations"

In der Besprechung einer Dickens-Biographie schrieb der Rezensent *John Carey* in der Sunday Times vom 20. November 1988, *Dickens* habe aller Wahrscheinlichkeit nach seine Mutter Elizabeth zu einer bösen, verfolgenden Mutter stilisiert und dieses Mutterbild in einer Vielzahl von Mutterfiguren in seinen Romanen gestaltet. *Carey* läßt die Frage in der Schwebe, wie es sich in Wahrheit verhielt – „What mattered was that he believed Elizabeth guilty" –, läßt aber durchblicken, daß *Dickens* vermutlich im Banne eines Phantasmas stand: der unrealistischen Vorstellung, seine Mutter habe ihn fortgegeben und absichtlich einer bösen Außenwelt überantwortet. Biographisch ist hierzu anzumerken, daß *Dickens'* Eltern aus materiellen Gründen gezwungen waren, ihre Existenz im halbländlichen Chatham aufzugeben und nach London zu ziehen, wo sie fortan zum Proletariat gehörten. Charles – damals elf Jahre alt – blieb zunächst zur Beendigung seiner Schulzeit in Chatham, folgte ihnen jedoch einige Zeit später nach London und trat hier in die Firma eines Verwandten – Warren's Blacking House – ein, um dort die damals übliche Kinderarbeit zu leisten. Trennung, sozialer Abstieg, das Trauma einer erbarmungslosen Arbeitswelt mögen zusammengewirkt haben, jenes Phantasma einer bösen, nicht schützenden Mutter hervorzubringen, bei dem es sich um die negative Variante des von *Sigmund Freud* beschriebenen „Familienromans" *(Freud 1909)* handelt. Während sich im klassischen Familienroman das Kind eine höhere soziale Herkunft zuschreibt und auf diese Weise ein Selbstwertdefizit ausgleicht, hegt es im Fall eines „negativen" Familienromans die entgegengesetzte Phantasie: seiner sozial hochstehenden Ursprungsfamilie beraubt worden zu sein und infolgedessen den unberechenbarsten Einflüssen anheimzufallen. So berichtet beispielsweise der Romancier *Henry James* - zu dessen prägendsten Kindheitseindrücken Dickens' Romane gehörten –, von seiner als Kind gehegten Phantasie, er werde zu kalten und grausamen Fremden („cold and cruel aliens") fortgegeben, wie man es im ersten Band seiner Autobiographie – „A Small Boy and Others" (1913) – nachlesen kann.

Wie es scheint, sind es vor allem Erfahrungen und Phantasien von Trennung, Scheidung, Entwurzelung, die ein Kind zu dieser zweiten Form von „Familienroman" disponieren. Im Werk von *Dickens* hat das Thema seine subtilste, komplexeste Gestaltung in einem Roman seiner Reifezeit gefunden – den 1860/61 erschienenen „Great Expectations", die als sein literarisches Meisterwerk gelten. Sein Protagonist „Pip", der gleich im ersten Satz bekennt, daß er seinen Namen einst nur schwer aussprechen konnte, wodurch dessen kindliche Form an ihm hängen blieb, erwacht an einem frostigen Dezembertag am Grab seiner Angehörigen zu einem Bewußtsein seiner Situation:

> Mein erster lebendiger Eindruck von der Identität der Dinge scheint mir an einem denkwürdigen frostigen Nachmittag gegen Abend zuteil geworden zu sein. In diesem Augenblick hatte ich die vollkommene Gewißheit: dieser kalte, mit Nesseln überwucherte Ort war der Kirchhof; Philip Pirrip, verstorben in dieser Pfarrgemeinde, und ebenso Georgina, des Obigen Gattin, waren tot und begraben; Alexander, Bartholomäus, Abraham, Tobias und Roger, Kinder der Erstgenannten, waren gleichfalls tot und begraben; und das flache, dunkle Feld jenseits des Kirchhofs, durchzogen von Gräben, Hügeln und Schutzgattern, bestreut mit weidendem Vieh, war das Sumpfland und das tiefgelegene bleifarbene Band da hinten war der Fluß; und jene ferne unheimliche Höhlung, von der der Wind heraufkam, war das Meer; und dieses zitternde kleine Bündel, dem vor allem graute und das zu weinen anfing, war Pip. (S. 6)

Auch wenn man in der Folge erfährt, daß Pip nicht völlig verwaiste – seine ältere Schwester nahm sich seiner an und verhalf ihm durch ihre Heirat zu einem Zuhause –, ändert das nichts an seinem Grundgefühl, verwaist und verlassen zu sein; und es ist offenbar dieser Umstand, der ihn für ähnliche Eindrücke in seiner Umwelt sensibilisiert. Im Hause der reichen, aber seelisch kranken Miss Havisham stößt er auf deren Adoptivtochter Estella, in die er sich verliebt, obwohl sie in der Folge eine seelische Empfindungslosigkeit an den Tag legt, die sie dem Leser – und ebenso Pip – fremd und unverständlich erscheinen läßt.

Der Leser erfährt zunächst nur wenig darüber, welche frühen Erfahrungen die im Haus Miss Havishams aufwachsende Estella geprägt haben, doch wird er auf die Dauer nicht im Zweifel darüber gelassen, daß Estella einen schweren seelischen Schaden davontrug. Pip bemüht sich lange vergeblich, diese Tatsache zu verstehen und aus ihr die richtigen Schlüsse zu ziehen. Im Wege steht vor allem sein fester Glaube an die Gutartigkeit Miss Havishams – der er sogar die Absicht unterstellt, ihn zu einem Gentleman zu machen. Miss Havisham ist für ihn eine Art guter Fee („fairy godmother", S. 183); und wirklich hat es den Anschein, als habe *Dickens* sie mitsamt ihrem sonderbaren Haus der Vorstellungswelt des Märchens entlehnt. Auch im Märchen gibt es das Motiv einer zwar von der Umwelt gemiedenen, aber nicht eindeutig bösartigen Fee oder Zauberin, die ein Kind zu sich nimmt, um es vor den Gefahren der Außenwelt zu bewahren. In der Tat gesteht Miss Havisham dem erwachsenen Pip, daß sie mit der Adoption Estellas zunächst nur das Ziel verfolgte, einem anderen weiblichen Wesen etwas Schlimmes zu ersparen; erst mit der Zeit sei daraus der Wunsch entstanden, das Kind ganz für ihre Zwecke einzuspannen und es mit ihrem Ressentiment zu durchtränken:

> ... Doch wie sie heranwuchs und eine große Schönheit zu werden versprach, da erwachten in mir allmählich schlimmere Wünsche: mit meiner Bewunderung, meinen Juwelen, meinen Lehren und der ständigen Gegenwart meiner Person, als Ansporn und Bekräftigung jener Lehren, habe ich sie um ihr Herz gebracht, und es bildete sich Eis an jener Stelle. (S. 674)

Das Herz von Eis oder Herz von Stein, das Estella auf diese Weise erworben hat, macht sie auch ihrerseits einer jener Märchenfiguren ähnlich, die nichts fühlen können und von innerer Erstarrung geheilt werden müssen. Für die Rolle dessen, der sie mit seiner unermüdlichen Liebe schließlich heilt, ist offensichtlich Pip vorgesehen; Vorbedingung für das Gelingen ist jedoch, daß Pip auf realistischem Wege herausfindet, wer Estella in Wirklichkeit ist. Es geht mit anderen Worten um die Aufdeckung einer Adoptionsgeschichte, von der alle an ihr beteiligten Personen wollen, daß sie im Dunkeln bleibt. Pip muß also gegen den Widerstand der gesamten Umwelt und entgegen den in ihm selbst liegenden Wahrnehmungsmängeln etwas Lebenswichtiges herausfinden und dazu seine Kräfte bis zum Äußersten anspannen: in diesem Sinne ist er der „Held" des Romans, so wenig Heldenhaftes auch an ihm zu finden sein mag.

Wenig heldenhaft mutet es zum Beispiel an, wie hilflos Pip mit den Angriffen und Übergriffen der Umwelt umgeht. Als ihm ein unbekannter (und auch weiterhin auf Anonymität Wert legender) Wohltäter noch vor Erreichen der Mündigkeit ein Vermögen in Aussicht stellt, erregt Pip damit in seiner bisherigen kleinstädtischen Umwelt viel Neid, der in einem Fall – Pips Begegnung mit „Trabb's Boy" – ein wahrhaft groteskes Ausmaß annimmt:

> Wie ich so auf der Straße vor mich hinblickte, gewahrte ich Trabbs näherkommenden Lehrling, der sich im Gehen mit einem Sack die Seiten schlug. Ich überlegte: eine ruhige Haltung anzunehmen und nicht weiter auf ihn zu achten, stünde mir am besten an und würde seiner Boshaftigkeit einen Damm entgegensetzen. Schon wollte ich mich zu meinem Erfolg beglückwünschen, als plötzlich die Knie des Herankommenden zusammenschlugen, seine Haare sich sträubten, seine Mütze zu Boden fiel, er an allen Gliedern zitterte, auf der Straße taumelte und den Leuten zuschrie: „Haltet mich! Ich fürchte mich entsetzlich!" und sich gebärdete, als habe die Würde meiner Erscheinung in ihm den höchsten Zustand des Schreckens und der Zerknirschung ausgelöst. Als ich an ihm vorüberging, klapperte er hörbar mit den Zähnen und warf sich mit allen Zeichen der äußersten Erniedrigung in den Staub (S. 415 f.)

Die Episode mit „Trabb's Boy" ist jedoch nicht einfach nur humoristisches Beiwerk. Sie wirft Licht auf die innere Verfassung eines Protagonisten, der seine soziale Erhöhung schon darum nicht verarbeitet hat, weil er naiv an der Überzeugung festhielt, sein anonymer Wohltäter beziehungsweise seine Wohltäterin sei Miss Havisham. Was diese Vorstellung angeht, lebt er in einem Zustand der Blindheit oder Verblendung, der ihn daran hindert, sich selbst, Miss Havisham oder Estella so zu sehen, wie sie wirklich sind. Es ist gewissermaßen sein Familienroman, den er um die beiden Frauen gewoben hat, und der ihm nun wie ein Gespinst die Sicht verstellt, wobei er selbst diese Sehweise verharmlosend als „malerisch" apostrophiert:

> Hier draußen war es still und angenehm, wenn wir hinter den Deichen die Segel auf dem Fluß hingleiten sahen, die zuweilen bei Ebbe versunkenen Schiffen zuzugehören schienen, die in der Tiefe noch weiterfuhren. Wenn ich den Schiffen nachblickte, wie sie mit weißen, geschwellten Segeln nach der See hinabtrieben, mußte ich stets an Miss Havisham und Estella denken; sah ich irgendwo in der Ferne auf einer Wolke, einem Segel oder einer grünen Hügelseite ein schönes Licht aufglänzen, dann war es das gleiche. – Miss Havisham und Estella, das seltsame Haus und das seltsame Leben darin standen für mich zu allem, was malerisch war, in Beziehung (S 184)

Indem *Dickens* in die malerische Szene eine optische Täuschung einmontiert, weist er den Leser darauf hin, daß sich hinter dem manifesten Bild überraschend andere Dinge verbergen könnten - „versunkene" Schiffe, die „in der Tiefe" mitfahren und eine Entsprechung zu der von Pip nicht wahrgenommenen Wirklichkeit bilden. Aus diesem Grunde ist der Roman voll Nebenfiguren, die etwas Imaginäres, nicht wirklich Vorhandenes ins Auge zu fassen scheinen wie jener geheimnisvolle Fremde, der „mit einer unsichtbaren Flinte" (S. 125) auf etwas zu zielen scheint und Pip an einen Vorfall seiner Kindheit erinnert, den er gern vergessen oder verdrängen würde. Ähnliches wiederholt sich noch mehrmals, so wenn Pip in einem Londoner Theater einer Aufführung beiwohnt und sich von einem der Schauspieler starr angeblickt fühlt. Wie er hinterher erfährt, hat unmittelbar hinter ihm jemand gesessen, der für Pip unheilvolle Bedeutung besitzt; auch in diesem Fall zielt das Hinstarren auf etwas, das einer Realität entspricht, die Pip weit hinter sich zu lassen gehofft hat – einer auf dem Kirchhof von einst lokalisierten Kindheitsepisode.

Der Begegnung mit der unheimlichen Miss Havisham ist nämlich eine andere Begegnung vorausgegangen. An jenem frostigen Dezembertag ist Pip auf dem Kirchhof auf einen Fremden gestoßen, der – außer sich vor Kälte und Hunger – einen Eisenring als Zeichen sein Asozialität an sich trug:

> „Heul nicht!" schrie da eine schreckliche Stimme, und ein Mann hatte sich zwischen den Gräbern in der Nähe des Eingangs erhoben. „Ruhig, kleiner Schlingel, oder ich hau dir den Kopf ab!" Es war ein furchtbarer Mann, ganz in ein grobes graues Zeug gekleidet, und er trug einen großen eisernen Ring an seinem Bein. Ein Mann ohne Hut, mit zerrissenen Schuhen, mit einem alten Lappen um den Kopf. Ein Mann, den der Regen durchweicht, den Kot bedeckt, Steine verletzt, Kiesel beritzt, Nesseln gebrannt, Dornen gestochen hatten; ein Mann, der hinkte und schlotterte und schimpfte und wild dreinblickte, und dessen Zähne klapperten, als er mich unter dem Kinn faßte. (S 7)

Wie sich in der Folge herausstellt, ist der Fremde ein entflohener Sträfling, dem Pip durch die Herbeischaffung von Nahrungsmitteln und einer Feile für eine Weile wenigstens zum Überleben verhilft. Er verschwindet dann wieder aus Pips Blickfeld, um erst viel später wieder aufzutauchen und sich als Pips wahrer Wohltäter zu erkennen zu geben. Mit seiner Gestalt – die Pip am liebsten aus seiner Erinnerung, seiner inneren Welt verbannen möchte – verbindet sich also die Vorstellung des Sehens, der Bewältigung unklarer Dinge durch nüchterne Erkenntnis. Die Figur des Magwitch – wie der Sträfling bürgerlich heißt – steht so in einem polaren Gegensatz zu Miss Havisham; *Dickens* hat diesem Umstand dadurch Rechnung getragen, daß er Magwitch mit einem ähnlich markanten atmosphärischen Hintergrund ausstattete. Ist Miss Havisham der Fee des Märchens nachgebildet, so Magwitch dem „Wilden Mann", der – in der Urform des Märchens vom Eisenhans – einen Jungen nötigt, ihn aus seinem Käfig freizusetzen, und ihn dafür später mit Reichtum und Ansehen belohnt. Zumindest scheint *Dickens* hier – auch wenn er nicht das Märchen „zitiert" haben sollte – aus einem ähnlichen Vorrat von Vorstellungen wie das Märchen geschöpft zu haben.

Das Grundmuster von *Dickens'* Roman wird von dieser polaren Gegenüberstellung zweier Märchenfiguren und Motivkonfigurationen gebildet, die deutlich werden läßt, daß sich der Protagonist übermäßig lange im Bereich einer von der Mutterfigur gewobenen Fiktion aufhält und sich selbst dann nicht seiner Wahrnehmungsorgane bedienen kann, wenn ihn männliche Figuren ausdrücklich zum Hinsehen auffordern. Aufforderungen und Warnungen kommen im übrigen nicht nur von außen, sondern auch aus Pip selbst, der schon bald – kurz nachdem er Miss Havisham zum ersten Mal gesehen hat – von halluzinatorischen Bildern überfallen wird, die ihn auf etwas Gefährliches vorbereiten. Er sieht Miss Havisham an einem vorspringenden Balken ihres Hauses hängen; eine umso erschreckendere Vision, als alle Details der wirklichen, einen ihrer Schuhe in der Hand haltenden Miss Havisham entsprechen:

> … Es schien mir merkwürdig damals, und noch viel seltsamer lange nachher. Ich wandte meine, vom Aufblicken in die frostige Luft ein wenig verschleierten Augen einem großen hölzernen Balken in einem niedrigen Winkel des Gebäudes, rechts in meiner Nähe, zu, und da baumelte eine am Hals aufgehängte Gestalt! Eine Gestalt in vergilbtem weißem Kleid, die nur einen Schuh anhatte; sie hing so, daß ich die Spitzen, die wie erdiges Papier aussahen, deutlich erkennen konnte, und das Gesicht war Miss Havishams Gesicht; es bewegte sich, als versuche sie, mir zuzurufen. Vor Grauen, diese Gestalt dort zu sehen, entsetzt in der Gewißheit, daß diese einen Augenblick vorher noch nicht da war, rannte ich zuerst von ihr weg, dann auf sie zu. (S. 108)

Nicht weniger unheimlich ist ein nicht lange darauf im Innern des Hauses gewonnener Eindruck, daß ein vom Tageslicht abgeschlossener, nur von künstlichem Licht erhellter Innenraum in Wahrheit von dramatischem Leben erfüllt ist, das sich aber erst auf den zweiten Blick und wie unter dem Vergrößerungsglas manifestiert:

> Es war ein großer, einst zweifellos sehr schöner Raum; doch alle Dinge, die man erkennen konnte, waren mit Staub und Moder bedeckt und im Zerfall begriffen. Der bedeutendste Gegenstand war eine lange, mit einem Tischtuch bedeckte Tafel, als habe man ein Fest vorbereitet, damals als das Haus und die Uhren und alles miteinander stillstanden. Ein Tafelaufsatz oder sonstiges Zierstück befand sich auf der Mitte des Tischtuchs; so dicht lagen die Spinnweben, daß man seine Form nicht mehr zu unterscheiden vermochte; und als ich diese gelbliche Fläche, aus der es wie ein schwarzer Pilz aufwuchs, besah, da entdeckte ich Spinnen mit gesprenkelten Beinen und buntscheckigen Bäuchen zu ihm hin- und von ihm herlaufen, als wäre soeben im Spinnenstaat ein Ereignis von der allergrößten Tragweite bekannt geworden. (S. 141)

In einer Einleitung zu „Great Expectations" hat *Angus Calder* die Aufmerksamkeit der Leser auf *Dickens'* Technik gelenkt, schwer beschreibbare innere Verhältnisse dadurch zu erfassen, daß er nicht die Psychologie der Person, sondern deren Umgebung beschreibt: „der gespenstige Verfall in Miss Havishams Umgebung als Spiegelbild ihrer krank gewordenen Seele" (1977, S. 21). An einer späteren Stelle des Romans erfährt Pip berichtweise vom Sterben jenes Mannes, der Miss Havisham einst nahestand und sie am Tage der vereinbarten Hochzeit verließ; diesem ist sie in einem Fieber- oder Alkoholdelir als Todesgöttin erschienen, „ein Leichentuch über dem Arm":

> „Seht sie da!" schrie er, „sie schüttelt ihr Leichentuch! Seht ihr sie nicht? Seht ihre Augen! Ist es nicht furchtbar, sie in ihrem Wahnsinn zu sehen?" Dann wieder schrie er: „Sie wird es über mich decken, dann ist es aus mit mir! Nehmt es ihr weg, nehmt es weg!" Darauf klammerte er sich an uns und redete immer mit ihr und gab ihr Antwort, bis ich selbst sie schließlich zu sehen vermeinte. (S. 588)

So setzt sich allmählich in Pips Vorstellung ein Bild Miss Havishams zusammen, das von dem einer wohlwollenden Fee absticht und auf eine destruktive, „nekrophile" Verfassung schließen läßt, wie sie *Erich Fromm* in seiner „Anatomie der menschlichen Destruktivität" so prägnant beschrieben hat.

Es sind derartige Eindrücke, die in ihrer Gesamtheit vor Pip das Bild einer Zeit entstehen lassen, in der Estella noch formbar war und ihr „kindliches Wesen unter Miss Havishams verderblichen Händen zu entarten begann". Mit Bestürzung nimmt er wahr, daß sie sich zwar als Mittelpunkt eines Schwarms von Verehrern, aber nicht als Zentrum eines eigenen Lebens versteht. „Nachtmotten und anderes häßliches Getier umtaumeln eine leuchtende Kerze", erwidert sie Pip, „was kann die Kerze dafür?" Die ständige Dunkelheit in Miss Havishams Haus und das die Innenräume bewohnende „Getier" kehren hier in der Argumentation wieder, mit der Estella die „libidinöse Besetzung einer pathologischen Selbststruktur" *(Kernberg* 1978, S. 310) gegen den „Angreifer" Pip verteidigt. Als er von ihr erfährt, daß sie den allgemein verachteten Bentley Drummle heiraten wird, empört er sich gegen die Gleichgültigkeit, mit der sie sich wegwirft, und wieder greift Estella das von Pip verwendete Wort auf, um zu begründen, warum sie von ihrer Schönheit solch „wegwerfenden" Gebrauch macht:

> „An wen sollte ich mich wegwerfen?" fragte sie lächelnd zurück. „Sollte ich mich in die Arme eines Mannes werfen, der es gleich anfangs empfände (wenn man solche Dinge empfinden kann), daß er mir nichts bedeutet? Da, schau! So ist es nun. Wir werden uns einzurichten wissen, mein Gatte und ich. Und was den verhängnisvollen Schritt anbelangt, wie Sie das nennen, so war es im Gegenteil Miss Havishams Wunsch, ich möge zuwarten und noch nicht heiraten; aber ich bin dieses Leben, das ich geführt habe, müde; es hatte für mich so wenig Reiz; ich will es, sobald wie möglich, ändern. Sagen Sie nun nichts mehr! Wir werden einander nie verstehen."
> (S. 613)

Zwar erlebt Pip an einer Stelle des Romans mit, wie Estella sich gegen Miss Havisham auflehnt und sie mit „Mother by adoption" anredet; dann jedoch wird er Zeuge einer Versöhnungsszene, in der Estella auf Miss Havishams Schoß sitzt und ein in Zerfall begriffenes Gewebe ausbessert, was sich zugleich wörtlich und in übertragenem Sinne lesen und interpretieren läßt.

Wenn Pip es unternimmt, in so pathologische Verhältnisse einzugreifen und einer destruktiven Figur wie Miss Havisham den Kampf anzusagen, dann verdankt er das nicht nur dem Einfluß des „Wilden Mannes" beziehungsweise der nacheinander in Erscheinung tretenden Männer, die ihn zum Sehen auffordern. *Dickens* hat Pip in seinem Schwager und Ziehvater Joe Gargery eine hilfreiche Figur an die Seite gestellt, die zu Miss Havisham einen eklatanten Gegensatz bildet. Zum zweiten Mal stoßen wir hier in *Dickens'* Roman auf ein gegensätzliches Paar, das (grob gesehen) für „gut" und „böse" steht und abermals die konträren Einflüsse verdeutlicht, die Pips und Estellas Entwicklung in so unterschiedlicher Weise bestimmt haben. An einer Stelle von „Great Expectations" erkundigt sich Pip bei Joe sinngemäß, ob die ihm zuteil gewordene Liebe und Obhut gut genug gewesen seien, worauf Joe sich und Pip die Umstände in Erinnerung ruft, unter denen Pip – „klein, schwach und runzelig" (S. 81) – zu ihm in die Schmiede kam. Der Impuls, das verwaiste Kind in den Haushalt aufzunehmen, ist – wie Pip hier erfährt – von Joe ausgegangen; er war es, der Pip in seiner Kleinheit, Schwäche und Runzligkeit annahm und nicht etwa einem ungewissen Schicksal überließ. Die emotionale Gemeinschaft von Joe und Pip wird von *Dickens* so stark herausgearbeitet, um ein Gegengewicht zu der Kälte zu schaffen, welche Miss Havisham und Estella umgibt:

> … Ich mußte weinen und bat um Verzeihung und schlang beide Arme um Joes Nakken. Er ließ das Schüreisen fallen, zog mich an sich und sagte:
> „Wir waren doch immer gute Freunde, was, Pip? Keine Tränen, alter Kamerad!"
> Nach diesem kleinen Zwischenspiel fuhr Joe fort: „Also, Pip, da wären wir, wie du siehst! Darauf kommt's an: wir zwei sind da!" (S. 81)

Neben dem „Wilden Mann" des Märchens existiert also für Pip ein guter, die Mutter ersetzender Vater, der es ihm im Prinzip ermöglicht hat, auch Schwäche und Kleinheit an sich selbst zu tolerieren, nur daß Pip dann im Zuge seiner Selbstverblendung Joe mit den Augen Miss Havishams zu sehen beginnt und sich dieses heilsamen, korrigierenden Einflusses vorübergehend selbst beraubt.

Es ist dies diejenige Epoche in Pips Leben, in der er anderen – und rückblickend sich selbst – als Snob erscheint: ein Snobismus, von dem der bereits zitierte *Angus Calder* festgestellt hat, daß er eine Art Gegenstück zur Hybris des antiken Ödipus bilde (1977, S. 17). In der Tat ist beiden Figuren gemeinsam, daß sie zunächst erheblichen Widerstand an den Tag legen, eine Revision der ihnen unumstößlich erscheinenden Grundannahmen zuzulassen, dann aber ihre Wißbegier in ein fast detektivische Detailarbeit umsetzen. Im Falle des Ödipus – bekanntlich auch eines ausgesetzten Kindes, das von einem anderen Elternpaar adoptiert wurde – richtet sich diese Detailarbeit auf die eigene Vergangenheit, wogegen Pips Arbeit Estella gilt, der ihre Vergangenheit vorenthalten und gewissermaßen entwendet worden ist. Als er selbst schockartig die Gewißheit erhält, daß nicht Miss Havisham, sondern Magwitch sein unbekannter Wohltäter war, scheint ihm die gewohnte Welt oder Weltsicht in Stücke zu zerbrechen, was *Dickens* in die Metapher einer massiven Steinplatte kleidet, die – vor langer Zeit aus dem Steinbruch gelöst – mit großer Wucht auf ein Paradebett herniedersaust (S. 529). Tatsächlich verbringt Pip eine schlaflose Nacht in einem solchen altmodischen Bett und meint immerfort zu hören, wie von der Zimmerdecke herunter Ungeziefer auf ihn niederfällt: ein Hinweis auf das Ungeziefer, dessen er in den Räumen Miss Havishams ansichtig geworden war und in dessen Nachbarschaft Estella ihre Kindheit verbrachte. Ebenso ist die Steinplatte Metapher der erdrückenden Umstände, die zwar nicht das seelische Leben Pips, doch dasjenige Estellas unter sich begraben und allem Anschein nach erstickt haben.

„Great Expectations" repräsentiert – unter diesem Gesichtspunkt gesehen – einen „Adoptionsroman", der sich auf zwei Figuren, männlich und weiblich, verteilt. Der männliche Protagonist ist der aktive, zuguterletzt sehend werdende Teil, die weibliche Gegenspielerin eine eher stumme Figur, die ihr Schicksal ohne die Möglichkeit eines Protestes erleidet – ein auch in anderen Romanen dieser Art anzutreffendes Grundmuster. In ihnen ist der männliche Protagonist in der Regel mit einer Wahrnehmungsstörung behaftet, deren er nur mühsam

Herr wird – was an jene von *Kohut* beschriebenen Personen erinnert, die solange psychologische Details sammeln und aneinanderpassen müssen, „bis sie auf diese Weise in der Lage sind, komplexe psychische Konfigurationen bei anderen zu verstehen" *(Kohut* 1973, S. 316). Solche Personen haben – weiterhin *Kohut* zufolge – Schwierigkeiten wahrzunehmen, „was offen zutage liegt", und werden gelegentlich zum „Opfer grotesker Mißverständnisse". Diese Charakterisierung trifft auch auf den Protagonisten von *Dickens'* Roman zu, für den Zeitraum zumindest, in welchem er sich für eine Art Wahlsohn Miss Havishams und den Träger von ihr gehegter „großer Erwartungen" hält. Tatsächlich haften an der Person Pips viele Stigmata, die ihn als einen früh in seiner Empathie und Wahrnehmung behinderten Menschen ausweisen – nicht zuletzt die schon früher beschriebene archaische Grandiosität, die ihn sich im Umkreis der Kleinstadt bewegen ließ, als sei er mit einem Buckel, einer Mißbildung behaftet *(Kohut* 1975, S. 219) Unübersehbar ist aber gleichzeitig auch, daß er über eine ungewöhnliche Fähigkeit verfügt, an den Menschen seiner Umgebung Ähnlichkeiten festzustellen – beziehungsweise Ähnlichkeiten so energisch zu verneinen, wie er das im Falle Estellas tut:

> Was war es, das in mir aufstieg, als sie geendet hatte und mich aufmerksam betrachtete? Eine Erinnerung an Miss Havisham? Nein. Manchmal, in Blicken und Gebärden, gab es wohl jene Spur von Ähnlichkeit mit Miss Havisham, wie sie Kinder in langem und ausschließlichem Zusammenleben mit erwachsenen Personen oft annehmen und die gelegentlich, wenn die Kindheit vorbei ist, eine merkwürdige Ähnlichkeit des Ausdrucks zwischen zwei sich sonst ganz unähnlichen Gesichtern hervorruft. Aber doch lag in dem, was mich plötzlich so berührt hatte, nichts von Miss Havisham. Ich sah sie von neuem an; und obgleich unsere Blicke sich begegneten, war jener flüchtige Eindruck verschwunden. (S. 403)

„Was war das für ein namenloser Schatten, der in diesem Augenblick wieder vorbeigeglitten war?", heißt es an einer späteren Stelle, als er Estella an der Londoner Kutschenstation erwartet und ihr Gesicht, ihre winkende Hand am Wagenfenster erblickt (S. 448). Ähnliche Anmutungen überfallen Pip, als er im Hause seines Anwalts einer etwa vierzigjährigen Frau begegnet, die dort die Stelle der Haushälterin innehat und ihr gesamtes Tun und Lassen stumm nach den Blicken ihres Arbeitgebers ausrichtet. Ihr Gesicht erscheint Pip – der soeben im Theater „Macbeth" gesehen hat – „wie in feurige Luft getaucht, wie die Gesichter, die ich aus dem Kessel der Hexen hatte aufsteigen sehen" (S. 359). Er ruft sich später das Bild dieser Frau in Erinnerung, indem er „ein Bild, das ihr durch nichts weiter glich als durch ihr flutendes Haar, in einem verdunkelten Raum hinter einer brennenden Punschbowle vorübergehen" läßt (S. 360). An einer späteren Stelle des Romans achtet Pip insbesondere auf die Handbewegungen dieser Frau, und da er kürzlich Estella im Haus Miss Havishams hat stricken sehen, erinnern ihn die Bewegungen der Haushälterin an die Bewegungen Estellas (S. 658). Pips Aufmerksamkeit geht fortwährend zwischen den hier und dort gewonnenen Eindrücken hin und her; er denkt in Gegenwart der Haushälterin an den Tag, an dem er „an der Tür der Postkutsche ein gewisses Gesicht erscheinen, eine Hand sich hatte bewegen sehen". Zuletzt zieht er den Schluß, den solches Hin- und Herwandern seiner Aufmerksamkeit ihm als unabweisbar aufzwingt: „Diese Frau war Estellas Mutter" (S. 659). Und wieder einige Zeit dauert es, bis Pip aus den Erzählungen des Sträflings ein weiteres Stück von Estellas Kindheitsschicksal rekonstruieren und Magwitch als Estellas Vater identifizieren kann (S. 688).

„Great Expectations" arbeitet die zahllosen Widerstände heraus, die sich solchem Streben nach Erkenntnis in den Weg stellen – auch dies ein realistischer Zug, der sich im Umgang mit Adoptionsschicksalen immer wieder bestätigen läßt. Eines dieser Hindernisse ist beispielsweise, daß der Anwalt Jaggers, der, wie Pip erfährt, Estella in ihrem zweiten oder dritten Lebensjahr zu Miss Havisham brachte, nicht reden kann oder reden darf; eine Verschlossenheit, die noch dadurch verstärkt wird, daß er der Anwalt Miss Havishams und auch jenes geheimnisvollen Wohltäters ist, der sich totale Diskretion ausbedungen hat:

> Wie wir einander so ins Auge faßten, fühlte ich mein Herz heftiger pochen vor Verlangen, etwas aus ihm herauszubekommen. Und während ich das fühlte, und zugleich fühlte, daß Mr. Jaggers es bemerkte, erkannte ich, daß meine Aussicht, etwas zu erfahren, geringer war als je. (S. 490)

Hinzu kommt, daß Jaggers während seiner beruflichen Laufbahn Techniken entwickelt hat, sein Gegenüber einzuschüchtern und es zu veranlassen, sich schuldig zu fühlen, ja unwillkürlich „seine schwächsten Seiten zu enthüllen" (S. 360). Auswirkungen dieser Technik beobachtet Pip an Jaggers' gesamter Umgebung, aber auch an sich selbst. Jaggers' langjähriger Mitarbeiter Wemmick ist davon so geprägt, daß Pip die groteske Vorstellung entwickelt, Wemmick bestehe aus einem Paar eineiiger Zwillinge, von denen der eine spricht, wogegen der andere seinen Mund hermetisch verschlossen hält. Pip lernt es infolgedessen, diesen Unterschied sorgfältig zu beachten, und versteht, daß er es immer dann mit dem „unrichtigen" Zwilling zu tun hat, wenn Mr. Jaggers in der Nähe ist (S. 660). Wemmicks Mund erscheint ihm in solchen Augenblicken wie ein Briefkastenschlitz, der nichts von seinem Inhalt preisgibt, auch wenn er in anderen Situationen, fern seiner Arbeitsstelle, nicht mit Ratschlägen spart, die Pips Wohl betreffen. Die rechte Hand darf nicht wissen, was die linke tut – wirklich warnt Jaggers Pip an einer Stelle vor der Aufdeckung von Estellas wahrer Herkunft mit den Worten, er tue besser daran, mit der Rechten seine Linke abzuhauen und „alsbald das Hackbeil Wemmick hinzureichen, damit er auch jene abschlage".

Es braucht nicht eigens betont zu werden, daß es sich bei Jaggers, der seine Umgebung solchermaßen in Angst hält und imaginäre Schuldgefühle in ihr erzeugt, um eine mit Omnipotenz ausgestattete Über-Ich-Figur handelt; doch ist es in unserem Zusammenhang wichtig, auf die Symmetrie hinzuweisen, die ihn mit Miss Havisham zu einem Paar verbindet – einem Elternpaar gewissermaßen, das den Sohnesprotagonisten im Sehendwerden behindert. Auf der Ebene primärer emotionaler Zuwendung bildeten bereits Miss Havisham und Joe Gargery ein solches symmetrisches Paar, und später traten Miss Havisham und Magwitch – „Fairy godmother" und „Wilder Mann" – in konfigurative Beziehung zueinander. Mit Jaggers ergibt sich eine dritte Symmetrie dieser Art – was die Auffassung von Miss Havisham als zentraler Mutterfigur erhärtet, die auf jeder neuen Ebene und Entwicklungsstufe zu einer anderen Vaterfigur in Beziehung gesetzt wird. Sie selbst jedoch bleibt sich immer gleich – versagend, zweideutig, mystifikatorisch. Kann sich Jaggers bei der Geheimhaltung von Estellas Bewandtnissen immerhin auf seine berufliche Verschwiegenheit berufen, so ist demgegenüber Miss Havisham nur von ihrer Tendenz zur Mystifizierung beherrscht: bezeichnend, daß sie jede Gelegenheit aufgreift, Pip – der bekanntlich ihr seine „großen Erwartungen" zuschreibt – noch tiefer in Irrtümer zu verstricken. Sie ist der Prototyp der Adoptivmutter von einst, die dem Kind nichts über seine wahren Bewandtnisse verriet, es aber zugleich mit einem Höchstmaß an Mystifikation belud, so daß es von sich selbst die Vorstellung einer aus aller Norm herausfallenden Monstrosität bilden mußte. Welche Auswirkungen das sogar auf Pip hatte, der gar nicht bei ihr aufgewachsen ist, wurde bereits anläßlich seiner Begegnung mit Trabb's Boy ausgeführt; auch ist es so, daß er am Ende des Romans die Neigung erkennen läßt, zu resignieren und zugunsten eines anderen kleinen Pip – Joes Sohn – ein für allemal abzudanken.

Diesem pessimistischen Ausgang, wie man ihn im Anhang zu *Dickens'* Roman nachlesen kann, hätte es entsprochen, daß Pip Estella nur noch einmal kurz begegnet und ihr das Kind in das Kutschenfenster reicht. Gegen dieses Ende erhoben *Dickens'* erste Leser, die den Roman im Vorabdruck lasen, massiven Einspruch – wohl nicht allein, weil ihnen ein glückliches Ende erforderlich schien, sondern weil sie spürten, daß *Dickens* auf diese Weise etwas opferte oder verschenkte, was noch andere Entwicklungsmöglichkeiten in sich barg. Der Autor verhielt sich ebenso ernüchtert und enttäuscht wie sein Protagonist und übersah dabei, daß er ja Pip und Estella als Doppelfigur angelegt hatte: Pip als derjenige, der stellvertretend für Estella ihren Herkunfts- und Adoptionsroman entschlüsselt. Es wird im Roman nicht explizit gesagt, wieviel Estella von ihren Bewandtnissen erfährt, aber als Pip ihr – in der endgültigen Fassung, die *Dickens* dem Schlußkapitel gab – noch einmal im Garten Miss Havishams begegnet, erscheint sie ihm verändert. Zwar bedient sie sich auch weiterhin ihrer literarisch artikulierten Ausdrucksweise (die von jeher in so starkem Gegensatz zu Pips Namen, seinem frühkindlichen Stammeln stand), aber es scheint, als müsse sie nicht länger eine innere Leere, ein existentielles Vakuum damit überbrücken. Pip hat jetzt umso eher Grund, ihr zu trauen, als er alles in seiner Macht Stehende getan hat, die hinter der Fassade von Künstlichkeit und Leblosigkeit verborgenen wahren Zusammenhänge aufzudecken:

> ... Ich nahm ihre Hand in die meine, und wir verließen den zerstörten Ort; so, wie sich vor Zeiten, als ich die Schmiede zum ersten Mal verlassen hatte, die Morgennebel zerstreuten, so hoben sich jetzt die Abendnebel, und in dem hingebreiteten ruhigen Licht, das sie mir enthüllten, erkannte ich auch nicht den Schatten einer künftigen Trennung („I saw no shadow of another parting from her").

Zu Dostojewskis Roman „Der Jüngling"

Unter den großen Romanen Dostojewskis ist „Der Jüngling" aus dem Jahre 1875 der wohl unbekannteste. Er ist in der ersten Person erzählt und gibt sich als der spontan-unbeholfene Bericht eines unliterarischen Menschen, der sein Leben erzählt, um sich auf diese Weise von belastenden Eindrücken zu befreien:

> Nun habe ich doch nicht widerstehen können und mich hingesetzt, um die Geschichte meiner ersten selbständigen Schritte auf dem Schauplatz meines Lebens niederzuschreiben, obschon ich das eigentlich auch unterlassen könnte ... Eins aber weiß ich schon jetzt gewiß: daß ich mich nie wieder nochmals hinsetzen werde, um meine ganze Lebensgeschichte zu schreiben, und sollte ich auch hundert Jahre alt werden. (...) Wenn es mir dennoch auf einmal in den Sinn gekommen ist, wahrheitsgetreu alles aufzuzeichnen, was ich in diesem letzten Jahr erlebt habe, so ist das infolge eines inneren Klärungsbedürfnisses geschehen: so tief und nachhaltig hat mich alles das Erlebte aufgewühlt. Ich will nur die Begebenheiten aufzeichnen und mir alle Mühe geben, Beiläufiges zu übergehen und namentlich die üblichen literarischen Schnörkel vermeiden. (S. 7)

Diese Begebenheiten sind: der Ich-Erzähler hat im Lauf des verflossenen Jahres das Internat verlassen und ist nach Petersburg gezogen, wo seine leiblichen Eltern und eine nach ihm geborene Schwester leben. Er selbst hat seine Kindheit, soweit er sich zurückerinnern kann, nicht in der Obhut seiner Eltern verbracht. Er ist unehelich geboren: seine Mutter war die Frau des Leibeigenen Dolgorukij und wurde dann vom Gutsherrn, Fürst Werssiloff, in eine illegale Lebensgemeinschaft hineingezwungen, der als erstes Kind der Ich-Erzähler entsprang. Diese Lebensgemeinschaft besteht noch, ebenso aber die Ehe mit dem Leibeigenen Dolgorukij, dessen Namen der Ich-Erzähler trägt. Er ist also der leibliche Sohn des Fürsten Werssiloff – der sich aber kaum je um ihn gekümmert hat – und Adoptivsohn des Leibeigenen Dolgorukij. Zwischen diesen beiden Vätern steht die in Sünde lebende und doch sonderbar unschuldig wirkende Mutter, die ihren Sohn gelegentlich im Internat besucht hat, sofern sie es finanziell ermöglichen konnte. Dieser stößt also bei seiner Ankunft in Petersburg auf Eltern, die ihm fast unbekannt sind, ihm aber immerhin den Aufenthalt in ihrer Nähe nicht verweigern.

Die existentielle Situation dieses Dostojewski-Helden ähnelt der seiner Vorgänger in „Schuld und Sühne" oder „Der Idiot". So wie Rodion Raskolnikov in Petersburg haust, als gäbe es keine Verwandten und keine Freunde – oder als seien diese zumindest unerreichbar –, tritt auch der „Jüngling" in eine ungewisse Situation ein, in der die ihm verwandtschaftlich Nächststehenden zugleich die Fremdesten sind. In ähnlicher Weise sucht auch Fürst Myschkin Verwandte auf, von denen er weiß, daß imgrunde nicht mehr besteht als eine Namensgleichheit, und daß man es nicht für erforderlich hielt, seinen aus dem Ausland geschriebenen Brief zu beantworten. Was die Namensgleichheit des Jünglings angeht, so kann von dieser nur insofern die Rede sein, als er zwar den Namen der leiblichen Mutter und des Adoptivvaters trägt, von seinem leiblichen Vater aber nicht als gleichberechtigt anerkannt wird. Er ist höchstens insofern ein „Fürstensproß", als der Name Dolgorukij unweigerlich an ein hochangesehenes Fürstengeschlecht erinnert, sodaß also der Name des Ich-Erzählers alle Höhen und Tiefen eines unausgeglichenen Selbstwertgefühls anklingen läßt, sooft er sich veranlaßt sieht, ihn laut werden zu lassen. Er erinnert sich, daß Gespräche in der Kindheit meist nach folgendem Schema abliefen:

> „Wie heißt du?"
> „Dolgorukij."
> „Fürst Dolgorukij?"
> „Nein, einfach Dolgorukij."
> „Ah so, einfach! – Esel!" (S. 11)

Wenn jetzt der junge Erwachsene versucht, in Petersburg gesellschaftlich Fuß zu fassen, stellt er sich in einer Weise vor, die das Trauma eines solchen Ablaufs möglichst vermeidet; indem er jedoch seine gesamte Geschichte vor den anderen ausbreitet, zieht er sich abermals eine Kränkung zu. Er erinnert sich auch, daß einer seiner Mitschüler ihm „mit seltsam ernstem Gesicht, indem er zur Seite blickte", den Rat gegeben hat, nicht jedermann seine Geschichte zu erzählen:

> „Solche Gefühle machen Ihnen natürlich nur Ehre, und zweifellos werden Sie auch alle Ursache haben, darauf stolz zu sein; aber an Ihrer Stelle würde ich mit einer unehelichen Geburt doch nicht gar so sehr prahlen ... Sie dagegen scheinen sich darüber zu freuen, als wären Sie heute Geburtstagskind" (S. 12)

Jener Mitschüler hatte genau erfaßt, daß Dolgorukij sich als Monstrosität empfindet und keinen anderen Ausweg mehr offen sah als den, mit Absonderlichem zu „prahlen". Der gutmeinende Ratgeber hat aber mit seinen offenen Worten seinen Zweck nicht erreicht; Dolgorukij breitet nach wie vor seine Geschichte vor anderen aus, und im Kern steht immer wieder das Schema der Schülerzeit:

> „Erlauben Sie einstweilen, daß ich mich nach Ihrem Namen erkundige; Sie haben mich die ganze Zeit angesehen", sagte da der Lehrer, indem er mit dem gemeinsten Lächeln auf mich zutrat.
> „Dolgorukij."
> „Fürst Dolgorukij?"
> „Nein, einfach Dolgorukij, ... vor dem Gesetz der Sohn des ehemaligen Leibeigenen Dolgorukij, und in Wirklichkeit der uneheliche Sohn meines früheren Gutsherrn Werssiloff. – Beunruhigen Sie sich nicht, meine Herren: ich sagte das durchaus nicht, damit Sie mir gleich um den Hals fallen und wir alle vor lauter Rührung wie die Kälber zu heulen anfangen!" (S. 95)

Name und Herkunft haben hier eine ähnliche Bedeutung, als wäre der Träger mit einem Körperdefekt, etwa einer Dysmelie behaftet: ob er diesen Defekt vorzeigt oder verbirgt, die Reaktion der Umwelt scheint doch immer von Verachtung, von Abneigung geprägt. Nach Kohuts Interpretation bleibt in solchen Fällen archaisch-grandiose Libido an dem verkümmerten oder fehlenden Organ haften (Kohut 1975, S. 219) – was in Dolgorukijs Fall auf Person, Namen und Herkunft ausgeweitet werden muß. Die kleine Szene mit dem Spannungsbogen „Fürst Dolgorukij?" – „Nein, einfach Dolgorukij" ist zum festen Bestandteil seiner Identität geworden. Sobald der Protagonist in der Folge einen Petersburger Salon betritt, ist ihm eine aus Neugier und Arroganz gemischte Beachtung sicher, die ihm seine „Monstrosität" – den Makel einer unehelichen Geburt und eines nicht fugenlos mit seiner Person verschmolzenen Namens – immer von neuem zu bestätigen scheint.

In jedem Fall kann man aus dem Bisherigen schließen, daß Gefühle für den Ich-Erzähler so schmerzhaft geblieben sind, daß er sie möglichst ganz vermeidet. Er hat jedoch dazu angesetzt, seine Gefühle zu beschreiben und sie so, mit Hilfe des Schreibens, erstmals auch zu erleben. Er braucht also vor allem ein Tatsachengerüst, in welchem Gefühle ihren Platz haben, so daß, wenn er die Tatsachen genau genug beschreibt, die Gefühle notgedrungen miterfaßt werden:

> ... Ohne Tatsachen lassen sich Gefühle nicht beschreiben, wenigstens nicht so, daß ein anderer sie nachfühlen könnte (...) So aber, so ohne Anhaltspunkte zu schreiben – da gleicht ja das Geschriebene Fieberträumgesichten oder Wolken (S. 29)

Dieser Grundsatz – von T.S. Eliot später auf den Begriff des „objective correlative", der „gegenständlichen Entsprechung" gebracht (Eliot, 1919) – treibt den Schreiber vorwärts, immer in der Hoffnung, es auf diesem Wege schließlich zu einer eigenen Identität, einer eigenen Biographie zu bringen.

Das Gegenprinzip, gegen das er anschreibt, ist das Schweigen, das die Umstände der Herkunft, aber auch das Verhältnis von Dolgorukijs Eltern umgibt. Alles ist „schweigend geschehen, hat sich von selbst so ereignet" (S. 15). Das Zusammenleben der Eltern wird von der Gesellschaft totgeschwiegen, und so ist auch die Anziehung, die sie einst zusammengeführt hat, in der Vorstellung des Sohnes in ein zweideutiges Licht getaucht:

> Ich habe von verderbten Lebemännern gehört, daß manche Männer bisweilen, wenn sie mit einer Frau zusammenkommen, vollkommen stumm beginnen, was natürlich der Gipfel aller Abscheulichkeit und allen Ekels ist. Nichtsdestoweniger hätte Werssiloff – selbst wenn er es gewollt hätte – wahrscheinlich überhaupt nicht anders mit meiner Mutter beginnen können. (S. 19)

Von solchem „Schweigen" abgestoßen, erwägt der Ich-Erzähler, „mich von ihnen allen loszusagen und mich bereits endgültig in meine Idee zurückzuziehen" (S. 25). Die „Idee" ist etwas, worüber er nicht spricht und was er auch im Roman erst allmählich in Worte faßt. Es ist eine Größenphantasie, die offensichtlich die Funktion hat, die mit dem Namen Dolgorukij verknüpfte Demütigung in der Balance zu halten. Der Ich-Erzähler möchte sehr viel Geld anhäufen, um „ein zweiter Rothschild zu werden" (S. 126). Wenn er über genug Geld verfügt, so hofft er, können Demütigungen und Schweigen leichter verschmerzt werden; er läßt dann als ein „zweiter Kolumbus" (S. 125) den alten Kontinent hinter sich und entdeckt einen neuen. Negative und positive Grandiosität liegen wie auch in anderen, vergleichbaren Fällen dicht beieinander; die Größenphantasie bezieht ihre Dynamik offenbar aus der Vorstellung, eine Monstrosität zu sein, niemals zu einem ausgeglichenen Verhältnis zu anderen Menschen gelangen zu können.

Jener außenstehende Beobachter, der dem Protagonisten einst riet, nicht gar zu sehr mit den Umständen seiner Herkunft zu „prahlen", hatte einen Umstand im Erleben desselben wahrscheinlich sehr genau erfaßt: die Bedeutung nämlich, die „Geburtstag" und „Geburtstagskind" für ihn besitzen. Ein „Geburtstagskind" ist der lebende Gegenbeweis gegen die Vorstellung des Nichtseins, und es erscheint dem Ich-Erzähler allem Anschein nach fraglich, ob er sein bisheriges Leben im Internat dem Sein oder dem Nichtsein zuordnen soll. Wenn er nun um den 19. September mit seiner Ankunft in Petersburg zu schreiben und die Tage zu datieren beginnt, so kommt darin auch die Vorstellung zum Ausdruck, daß er nun „lebt". Während andere schreibende Personen schon vor dem Schreibakt vorhanden waren, fällt bei ihm der Beginn des Schreibens mit der Vorstellung von Geburt zusammen. Es ist also nicht Koketterie, die ihn so stark betonen läßt, daß er sich von anderen literarischen Personen unterscheide. „Ich schreibe, also bin ich", könnte der Verfasser sagen, dessen „Sein" im übrigen alles andere als selbstverständlich anmutet. Das zeigen schon die zahlreichen Suizide und Suizidversuche in seinem Umkreis, die eine ihn selbst betreffende Gefahr zu signalisieren scheinen. „Der Selbstmord ist fürwahr die größte menschliche Sünde", sagt der alte Dolgorukij zum Protagonisten (S. 589) – als wolle er seinem Adoptivsohn damit den nötigen Halt geben, ihn vor einer immerfort gegenwärtigen Anfechtung bewahren.

Der entscheidende Fortschritt, den der Ich-Erzähler in seiner Krise tut, führt allerdings knapp an der Möglichkeit eines Suizides vorbei. Im Anschluß an einen Auftritt im Spielsalon, bei welchem man ihn fälschlich des Diebstahls bezichtigt, überantwortet sich der Protagonist dem Zufall – im Dunkel einer eiskalten Nacht gegen ein Gartengitter gelehnt und sich dem Schlaf überlassend. In seiner Benommenheit erinnert er sich an einen der seltenen Besuche seiner Mutter im Internat:

> Ja, ich, der Elternlose, hatte ganz unerwartet Besuch bekommen, zum ersten Mal, seit ich bei Touchard war. Ich hatte diesen Besuch sofort erkannt, schon in der Tür: es war Mama. Und doch hatte ich sie nie mehr gesehen, seit sie mich damals in die Dorfkirche gebracht hatte, wo die Taube durch die Kuppel geflogen war. Wir saßen zusammen in meinem Zimmerchen, und ich musterte sie verstohlen. Erst später, viele Jahre nachher, erfuhr ich, daß sie damals – Werssiloff war ins Ausland gereist und hatte sie allein zurückgelassen – daß sie damals mit ihrem eigenen spärlichen Gelde und aus eigenem Wunsch und Willen nach Moskau gereist war, fast heimlich und gegen den Willen derer, in deren Obhut er sie zurückgelassen hatte, und das alles nur, um mich wiederzusehen. Sonderbar war auch, daß sie, nachdem sie mit Touchard gesprochen hatte und zu mir geführt worden war, mir selbst kein Wort davon sagte, daß sie meine Mutter sei. (S. 512)

Im Anschluß an diese Unterkühlung fällt der Protagonist in einen Fieberzustand und liegt neun Tage bewußtlos, um dann „wie ein Wiedergeborener" (S. 533) zu erwachen. „Wie ein Hungriger auf Brot" hatte er sich schon vorher gelegentlich auf Menschen gestürzt (S. 328); jetzt erhält dieses Bedürfnis eine noch elementarere Qualität:

> ... Es stellte sich bei mir ein mächtiger Hunger ein, und ich murrte fortwährend darüber, daß ich mein Essen zu spät bekäme (dabei bekam ich es niemals zu spät). Mama wußte nicht, wie sie es mir recht machen sollte. Einmal brachte sie mir die Suppe und begann, mich mit dem Löffel zu füttern, wie sie das gewöhnlich tat, ich aber murrte die ganze Zeit und hatte an allem etwas auszusetzen. (S. 535)

„Besonders quälte ich Mama, und über sie ärgerte ich mich am meisten", heißt es im gleichen Zusammenhang. Hier kommt das ungeschmälerte Ressentiment zum Ausdruck, das sich die Kindheit über im Protagonisten angesammelt hat. „Übrigens ist Wiedergeburt ein ziemlich dummer Ausdruck", heißt es im Text (S. 533), worin sich die Entschlossenheit des Protagonisten manifestiert, sich – und den ihm nahestehenden Menschen – nichts zu schenken und die Situation nicht zu beschönigen. Nur gegen erhebliche innere Widerstände kann er zulassen, daß der Blick der Mutter auf ihm ruht – „ihre lieben Augen, die mich nun schon einen ganzen Monat so schüchtern ansahen, als wolle die Liebe selbst mich auskundschaften" (S. 117). Ein ähnlicher Durchbruch vollzieht sich auch in der Beziehung zum leiblichen Vater – Werssiloff –, obwohl dieser ihn anfangs sehr kühl behandelte und ihn in seiner sonderbaren kleinen Familie eher duldete, als daß er ihn wirklich bei sich aufnahm. Eine Annäherung kommt so für beide Beteiligte überraschend:

> „Ich habe diese ganzen drei Tage nur auf Sie gewartet", entrang es sich mir plötzlich, wie von selbst; mein Atem stockte.
> „Ich danke dir, mein Lieber."
> „Ich wußte, daß Sie bestimmt kommen würden."
> „Und ich wußte, daß du wußtest, daß ich bestimmt kommen würde. Hab Dank, mein Lieber."
> Er verstummte. Wir waren schon fast an der Haustür angelangt, und ich folgte ihm immer noch. Er wollte die Tür öffnen – ein kurzer Windstoß löschte mein Licht. Da ergriff ich plötzlich seine Hand; es war stockdunkel. Er zuckte zusammen, sagte aber nichts und schwieg. Ich beugte mich plötzlich über seine Hand und küßte sie mehrmals, küßte sie immer wieder.
> „Mein lieber Junge, ja, wofür liebst du mich denn so?" sagte er, aber schon mit einer ganz anderen Stimme.
> Seine Stimme bebte, etwas ganz Neues klang in ihr, ganz als hätte nicht er gesprochen. (S. 322f.)

Der Drang des „Jünglings" zu schreiben, seine Erfahrungen mitteilen zu müssen, erwächst vor allem aus dieser umwerfenden Erfahrung, Mittelpunkt einer Entwicklung zu sein, die sich über den Kopf aller Beteiligten hinweg vollzieht. Werssiloff ist, wie der Roman ihn beschreibt, ein arroganter, seine Mitmenschen brüskierender Mann; doch spricht und handelt in der eben zitierten Szene, „als hätte nicht er gesprochen". Dostojewskis den Roman beherrschende Fiktion, es spräche ein nicht zum Schreiben Befähigter, bezieht offensichtlich die ihm zunächst stehenden Personen – also die leiblichen Eltern – mit ein.

Der Schreibprozeß, in den der Erfahrungsschub des „Jünglings" einmündet, ist in dem Augenblick endgültig sinnvoll geworden, in dem der Protagonist sein Produkt einem Menschen seines Vertrauens schickt und dieser antwortet. Konnte der Schreiber zu Beginn seines Schreibprozesses oder vor dessen Einsetzen den Eindruck haben, als gehöre er keiner Generation an und sei in diesem Sinne „vogelfrei", deutet ihm der Empfänger des Manuskripts sein Schreiben als den Versuch, sich in die Aufeinanderfolge der Generationen einzuschalten. Er räumt ein, daß die derzeitige Epoche zu chaotisch sei, um schon zu einem gerechten Urteil gelangen zu können; dann jedoch

> ... werden solche ‚Aufzeichnungen' wie die Ihren zustatten kommen und als Material verwendet werden können – wenn sie nur aufrichtig sind, mögen sie dabei noch so chaotisch und zufällig sein ... Es werden so doch immerhin einige richtige Züge erhalten bleiben, aus denen man wird erahnen können, was sich in der Seele manch eines Jünglings jener unruhigen Zeit verborgen hat – eine Ermittlung, die nicht ganz unnütz sein dürfte, denn aus den Jünglingen entstehen die Generationen ... (S. 862).

Dostojewskis Protagonist vollzieht hier einen Sprung aus einer psychologischen Kategorie in eine andere. Mutete er anfangs wie eine jener Figuren an, die sich, Kohut zufolge (1978, S. 243), „nicht als Teilnehmer an einem sinnvoll vergänglichen Leben erfahren können" und so auch durch ihre „Unfähigkeit zu sterben" charakterisiert sind, reiht er sich jetzt in die Generationenfolge ein und wird – ohne daß es der Leser noch erfährt – womöglich selbst Vater oder Mentor eines anderen „Jünglings".

Adoptionsthematik im Werk von Henry James

Im Kapitel über Charles Dickens' „Great Expectations" wurde erwähnt, daß Henry James – einer der Wegbereiter der Moderne – aus seiner jugendlichen Lektüre des „David Copperfield" oder „Oliver Twist" das Phantasma der „cold and cruel aliens" ableitete, denen sich ein überbehütetes Kind ausgeliefert sieht. James war schon Mitte der fünfzig, als er „The Turn of the Screw" verfaßte, mit zwei verwaisten Kindern im Zentrum, die einer jungen unerfahrenen, überforderten Erzieherin anvertraut werden. Diese fungiert schon bald als eine Art Mutter der Kinder – eine Mutter jedoch, die sich der schwierigen Aufgabe allein gegenübersieht, denn der Vormund der Kinder bedingt sich aus, in Ruhe gelassen und mit keinem der anfallenden Probleme behelligt zu werden. Diese Haltung nahm er bereits vor dem Engagement der Erzieherin ein, als zwei andere Personen für das Wohl der Kinder verantwortlich waren. Sie entledigten sich allem Anschein nach dieser Aufgabe schlecht: in ein sexuelles Verhältnis miteinander verstrickt, machten sie die Kinder zu Zeugen ihrer Intimität. Es sind die Spuren dieser Intimität, welche die neue Erzieherin im Verhalten der Kinder aufzuspüren und zu verfolgen beginnt. Das eine der beiden Kinder ist kürzlich aus einem Jungeninternat entfernt worden, was mit seiner Frühreife, oder, wie die Erzieherin es sieht, „Verdorbenheit" motiviert wird. Auch wenn diese Erzählung nicht von Adoption im engeren Sinne handelt, gibt es doch vielleicht kein lehrreicheres Beispiel, welche Bedeutung im Zusammenspiel von Adoptivkind und Adoptivmutter früheren Einflüssen – ererbten oder erworbenen – zukommt. Wie eine unerfahrene junge (Adoptiv-)Mutter nimmt die Erzieherin den Kampf mit den früheren „Eltern" auf, die ihr nach Art von Gespenstern erscheinen und Anspruch auf die Kinder geltend machen. Die Tragik der Erzählung ist es, daß die Kinder bei diesem Kampf auf der Strecke bleiben; die Austreibung der bösen Geister gelingt – in der Vorstellung der allzu idealistisch eingestellten Erzieherin – nur um diesen Preis.

Substitution der Elternfigur spielt schon in James' frühem Roman „Roderick Hudson" (1875) eine Rolle, dessen Rezeption in Deutschland James' eigenartige Zwischenstellung innerhalb der „Klassik der Moderne" unterstreicht. Als ihn bald nach seinem Erscheinen ein Sekretär Bismarcks ins Deutsche übertrug, handelte es sich allem Anschein nach um einen keineswegs ungewöhnlichen Roman jener Epoche. Erst mit seiner zweiten Übertragung ins Deutsche – 1983 – wurde erkennbar, daß James von diesem Punkt aufbrach, um auf subtile Weise die angloamerikanische Erzählkunst zu revolutionieren. Roderick Hudson, ein begabter junger Bildhauer, wird von einem kunstbeflissenen Mäzen gefördert, der das Interesse an ihm verliert, als sein Kunstschaffen stagniert. Roderick rebelliert auf diese Weise gegen die Überprotektion, die er von seiten dieses Mäzens erfährt und die ihn auf der Suche nach einem neuen, eigenen Weg behindert. Am Ende steht Rodericks Tod während einer Gebirgswanderung, auf der er von einem Unwetter überrascht wird. Als er gefunden wird, sind sein Haar und seine Kleidung so durchnäßt, „als hätten ihn die Fluten des Meeres an den Strand geworfen" (1983, S. 518) – was die Verbindung zum hoffnungsvollen Beginn des Romans, der gemeinsamen Atlantik-Überquerung von Mäzen und Schützling wiederherstellt. Rowland Mallet – der Mäzen – kann nicht umhin, sich klarzumachen, daß sich ihm sein Schützling durch seinen Unfall (eine Art von larviertem Suizid) irreversibel entzogen hat:

> Jetzt, wo alles vorüber war, begriff Rowland, wie erfüllt seine persönliche Welt in den letzten beiden Jahren gewesen war. Im Augenblick kam sie ihm so leer, so nichtssagend und unheimlich vor wie ein Theater, das bankrott gemacht hatte und geschlossen worden war. (S.520)

Hinter dem Mäzen wird hier bereits die spätere Erzieherin aus „The Turn of the Screw" erkennbar – eine überprotektive Elternfigur mit anderen Worten, die insgeheim mit Mißgunst auf Rodericks Experimentier- und Expansionslust reagiert. Was Rowland Mallet mit besonderem Mißtrauen beobachtet, ist Rodericks Liebe zu einer jungen Frau, die der Roman mit einer ähnlichen Geschichte wie derjenigen Rodericks ausstattet.

Die blendend schöne Christina Light, der sich Roderick während seines Rom-Aufenthalts nähert, ist ein von seiner alleinerziehenden Mutter zunächst vernachlässigtes, erst in einem zweiten Schritt zum Idol erhobenes Kind. So unzertrennlich Mutter und Tochter jetzt erscheinen, so entfremdet waren sie sich zu einem früheren Zeitpunkt, als die Mutter ihr eigenes, ihr zufällig in den Weg kommendes Kind nicht einmal erkannte:

> Während ich da saß, kam ein Kind den Weg entlang – ein kleines Mädchen von vier oder fünf, ziemlich phantastisch angezogen, in allen Regenbogenfarben schillernd. Sie blieb vor mir stehen und starrte mich an, und ich starrte auf ihr sonderbares kleines Kleid, das eine billige Nachahmung war (…). Zuletzt sah ich ihr ins Gesicht und sagte zu mir: ‚Mein Gott, war für ein schönes Kind! Was für herrlich schöne Augen, was für prächtiges Haar! Wenn meine arme kleine Christina doch so aussähe!' Das Kind wandte sich langsam ab, sah aber dabei zurück und hielt seine Augen auf mich geheftet. Mit einem Mal schrie ich auf, sprang auf sie zu, preßte sie in meine Arme, bedeckte sie mit Küssen. Es war Christina, mein eigenes wertvolles Kind, so verdeckt von dem lächerlichen Kleid, das ihr die Kinderschwester zu ihrem eigenen Vergnügen angezogen hatte! Sie kannte mich, aber sagte mir nachher, daß sie mich nicht angesprochen hätte, weil ich so zornig geblickt habe. Natürlich, mein Gesicht war traurig gewesen! Ich lief mit meinem Kinde zum Wagen, fuhr im Eiltempo heim, riß ihr ihre Fetzen herunter, und hüllte sie, wie ich sagen darf, in Baumwolle. Ich war blind gewesen, geistesgestört; es gab sie nur einmal unter zehn Millionen, sie war ausersehen, die Schönste der Schönen zu werden, ein unschätzbarer Schatz! Dessen war ich in der Folge immer gewisser, Von da an lebte ich nur für meine Tochter. Ich beobachtete sie, liebkoste sie von morgens bis abends, betete sie an (1969, S. 176)

Es ist gewissermaßen die Umkehrung des Musters, wie es uns aus einer Reihe von Märchen geläufig ist: die Mutter sehnt sich nach einem Kind, kann aber dann ihre Mutterrolle nicht einnehmen. Die Mutter Christina Lights verhält sich umgekehrt zunächst ablehnend, um dann ihr Kind von einem Augenblick zum andern als ihres wahrzunehmen. Faßt man diese Mutterfigur als realistische Person auf, läßt ihre Wahrnehmungsstörung auf eine erhebliche Pathologie schließen; man kann es aber auch so auffassen, daß diese Figur aus einer das Kind primär ablehnenden und einer das Kind plötzlich entdeckenden idolisierenden Mutter zusammengesetzt ist. Daraus resultiert dann unausweichlich die schwere Pathologie, mit der die Christina Light des Romans behaftet ist. Sie zieht Roderick zunächst an sich heran, um ihn dann mit einer Heirat zu frustrieren, die allem Anschein nach keine Liebesheirat ist. Der Name, den sie mit ihrer Heirat annimmt – „Prinzessin Casamassima" –, klingt wie eine Anspielung auf ihren Größenwunsch und die Pracht des Hauses, das sie von nun an beherbergt. Als Prinzessin Casamassima – so der Titel eines späteren Romans von James (1886) – kapriziert Christina sich darauf, junge Männer aus der unteren Gesellschaftsschicht zu sich emporzuziehen und sie in einem zweiten Schritt – wie sie es mit Roderick getan hat – fallenzulassen. Das ist die eindeutige Umkehrung dessen, was ihr selbst einst von seiten ihrer Mutter widerfahren ist.

Das Adoptionsmotiv wird in diesem Folgeroman ein weiteres Mal präzisiert, ist diesmal gar nicht mehr zu übersehen. Der Protagonist des Romans, der den Namen Hyacinth trägt, stammt aus einer Mesalliance, die durch ein Verbrechen belastet war. Sein aristokratischer Vater wurde von seiner sozial niedriger stehenden Geliebten aus Eifersucht umgebracht, was ihr eine lebenslange Haftstrafe einbrachte. Der kleine Hyacinth wurde von der unverheirateten Schneiderin Pinnie in einem Londoner Slum aufgezogen. Der Roman setzt in dem Augenblick ein, in dem eine Gefängnisfürsorgerin zur Adoptivmutter kommt und von ihr verlangt, sie möge sich mit Hyacinth zu einem Besuch ins Gefängnis aufmachen, da seine Mutter im Sterben liege und das Kind noch einmal sehen wolle. Pinnie wehrt sich gegen die Zumutung und kann sich dem an sie weitergegebenen Wunsch der Sterbenden doch nicht entziehen. In einer sehr dichten Passage des Romans beschreibt James, wie die selbst von widerspruchsvollen Gefühlen zerrissene Pinnie den kleinen Hyacinth antreibt, sich der ihm fremden Frau zu nähern, weil sie hofft, der belastenden Szene so ein Ende zu setzen:

> „Küsse sie, küsse sie sehr, und dann werden wir nachhause gehen!" flüsterte sie verzweifelt, während sich jene Arme um ihn schlossen und das arme, entehrte Gesicht sich gegen seine junge Wange preßte. Es war eine schreckliche unwiderstehliche Umarmung, der sich Hyacinth mit inständiger Geduld unterwarf. (S. 48)

Warum die fremde Frau darauf bestanden hat, ihn zu sehen, erfährt Hyacinth vorerst nicht; in einer sonderbaren Umdichtung des wahren Sachverhalts – einer Art von „Adoptionsroman" – wird ihm von Pinnie als Begründung genannt, daß das Kind, das jene Frau einst hatte, „auch Hyacinth hieß" (S. 40). Pinnie erwartet, auf der Heimfahrt vom Gefängnisbesuch ausgefragt zu werden, aber nichts dergleichen geschieht:

> Zu ihrer Überraschung machte er nicht den geringsten Gebrauch davon, Er saß, aus dem Fenster schauend, schweigend da, bis sie wieder in Lomax Place einbogen. (S. 49)

Die Romanintrige will, daß der erwachsene Hyacinth in einen Kreis Londoner Anarchisten gerät und er selbst mit der Aufgabe betraut wird, eine hochgestellte aristokratische Persönlichkeit zu ermorden. Er soll gleichsam die Tat der Mutter wiederholen und seinen Vater ein zweites Mal töten; er entzieht sich dem durch Selbstmord. In diesem Ablauf spielt die Prinzessin Casamassima nun abermals eine verhängnisvolle Rolle. Während Hyacinth in der Beziehung zu ihr entdeckt, daß in ihm eine Liebe zum Bestehenden existiert, die stärker ist als die Tendenz zum Anarchisten, nimmt die Prinzessin eine Gegenposition ein und zieht – wie um Hyacinth zu kränken und auf sein eher schäbiges Milieu anzuspielen – aus ihrem Palast in eine Art Allerweltsbleibe um. Hyacinths bis dahin in der Latenz verbliebene Neigung zu Selbsthader und Selbstentzweiung tritt damit in ein manifestes Stadium:

> Es gab Zeiten, da er sich selbst sagte, daß es sehr wohl sein Schicksal werden könnte, qualvoll innerlich entzweit durch Sympathien, die ihn nach verschiedener Richtung hinzogen, gespalten und zerrissen zu werden. Denn hatte er nicht eine außerordentlich gemischte Erbanlage in seinem Blut, und spielte nicht, so lange er denken konnte, eine Wesenshälfte in ihm immer der anderen entweder Streiche oder empfing von ihr Verweise und Maßregelungen (ebd. S. 138).

Für das moderne Ohr liest sich dies zu eindeutig erbbiologisch orientiert, denn der Gegensatz von „Palast" und „Slum" – demonstriert an der Person der Prinzessin – ist zweifellos ebenso entscheidend wie jene „gemischte Erbanlage". Als der Prinzessin das Verhängnisvolle ihres Verhaltens zum Bewußtsein kommt, ist es zu spät; Hyacinth hat sich mit der Waffe das Leben genommen, die – wie der letzte Satz des Romans ironisch kommentiert – „besser den Herzog getroffen hätte":

> Hyacinth lag wie schlafend da, aber etwas Schreckliches wurde sichtbar. Eine Lache Blut, auf der Steppdecke, an seiner Seite, in der Gegend seines Herzens. Sein Arm hing schlaff von dem schmalen Lager herunter; sein Gesicht war weiß, und die Augen waren geschlossen. (S. 621)

Das Grundmuster aus Dickens' „Great Expectations", wo der männliche Protagonist seiner Gegenspielerin zu ihrer Identität verhalf, kehrt sich hier um: die irreversibel geschädigte Prinzessin Casamassima – einst Christina Light – zieht nacheinander zwei Protagonisten so tief in ihre Identitätsproblematik hinein, daß ihnen als Ausweg nur die Flucht in den Tod, der Suizid bleibt.

Zu T.S. Eliots Drama „Der Privatsekretär"

Eliots Drama „The Confidential Clerk" (1953) wurde in den Fünfzigerjahren auch auf deutschen Bühnen gespielt, ist aber seither aus dem Repertoire verschwunden. Das Thema Adoption wird darin auf eine Weise behandelt, die das Absurde streift und parodistisch genannt werden könnte – verbürgte nicht der Rang von Eliots Sprache den existentiellen Ernst des Stückes. Sein Titel deutet an, daß gewisse Dinge geheimgehalten oder diskret gehandhabt werden müssen, was einen „Privatsekretär" erforderlich macht. Der vorige – Eggerson – ist aus Altersgründen gerade aus diesem Amt ausgeschieden; der neue – Colby Simpkins – wird gerade eingearbeitet, was aber noch die gelegentliche Hinzuziehung seines Vorgängers erforderlich macht. Gleich die erste Szene macht deutlich, wie heikel die Dinge sind, die unmittelbar anstehen. Der Arbeitgeber der beiden Sekretäre, Sir Claude Mulhammer, war vor seiner Ehe in eine leidenschaftliche Affäre verwickelt, aus der ein Sohn hervorging, der unter anderem Namen anderwärts erzogen wurde. Jetzt steht seine Einführung ins Haus der Mulhammers bevor, deren Ehe kinderlos geblieben ist. Der neue Privatsekretär ist dieser Sohn und soll nun unter einem Vorwand allmählich in die Hausgemeinschaft integriert werden. Das setzt voraus, daß auch Lady Elizabeth Mulhammer mit seiner Anwesenheit im Haus (und seinem Status als Sohn) einverstanden ist. Sie wird soeben von einer Reise zurückerwartet. Sir Claude und die beiden Privatsekretäre zerbrechen sich den Kopf, wie sie reagieren wird, denn es handelt sich bei ihr, wie man schon vor ihrem Erscheinen auf der Szene errät, um eine höchst eigenwillige, schwer berechenbare Persönlichkeit. Übrigens hat auch sie aus einer vorehelichen Verbindung einen Sohn, der allerdings in der Versenkung verschwunden ist, teils umständehalber, teils infolge der „Vergeßlichkeit" Lady Elizabeths, die von Eliot äußerst witzig in Szene gesetzt wird.
Sir Claude steht seinem frisch ins Haus eingeführten Sohn ohne Vorbehalte gegenüber und sieht ihn als denjenigen, der seine eigene Existenz fortsetzen soll; Vorbehalte des Sohnes scheint er nicht zu spüren. Sir Claude ist erfolgreicher Geschäftsmann und fand diese berufliche Identität bereits auf seinem Weg vor: er hat in die Realität umgesetzt, was sein Vater von ihm erwartete. Daß er eigentlich einen musischen Beruf ergreifen und Töpfer werden wollte, blieb seinen Mußestunden vorbehalten: seine kostbare Keramiksammlung bildet den Hintergrund seiner Existenz. Wofür sie steht, blieb selbst seiner Frau verborgen, und es scheint, als habe Sir Claude nichts mehr gefürchtet als die Möglichkeit, in den Augen der Welt unseriös, dilettantisch, lächerlich zu erscheinen. Er verfügt über die sprachliche Fähigkeit, den Gegensatz zwischen offizieller und inoffizieller Identität, zwischen Wollen und Begabung in Worte zu fassen:

> ...Ich war nicht begabt genug. Es ist merkwürdig, nicht wahr,
> Daß einer eine verzehrende Leidenschaft haben kann
> Etwas zu tun, wofür ihm die Fähigkeit fehlt.
> Ein zweitrangiger Töpfer zu werden? Bestenfalls
> Ein fähiger Kopist, besessen von der Leidenschaft
> Zu schaffen, während er ganz unschöpferisch ist?
> Ich glaube kaum.

Sein mittels Identitätsspaltung notdürftig gelöster Konflikt befähigt ihn jedoch – so glaubt er wenigstens –, Wesen und aktuelle Situation des Sohnes zu erfassen, der gerade einen Zusammenbruch seiner Musiker-Ambitionen erlebt hat und noch unter den Auswirkungen der Depression steht, die dieser Zusammenbruch im Gefolge hatte, Was Sir Claude allerdings nicht versteht und falsch einschätzt, ist der Schweregrad des Zusammenbruchs, der alles übertrifft, was Sir Claude je an Konflikten und Belastungen erlebt hat. Im Gegensatz zu ihm besaß Colby keine Vaterfigur, an der er sich positiv oder negativ hätte ausrichten können. Sich für den Weg des Vaters zu entscheiden und insgeheim an seinem Privatinteresse festzuhalten wie Sir Claude, lag nicht in Colbys Vermögen. Wenn daher Sir Claude im vertrauten Gespräch mit Eggerson die Wesensverwandtschaft von Vater und Sohn betont („He is like me, Eggerson"), unterstreicht er gleichzeitig die Absurdität einer Situation, die sich in Wahrheit ganz anders verhält, als er sie wahrnimmt. Eggerson enthält sich des Kommentars, sodaß die Aufdeckung der Diskrepanz ganz dem Fortgang des Stückes und den zu erwartenden Enthüllungen vorbehalten bleibt. Jedenfalls scheint es unvermeidlich, daß sich Sir Claudes naive Hoffnung, sich in seinem Sohn fortzusetzen und sich in ihm spiegeln zu können, als Illusion herausstellt.

Kaum betritt Lady Elizabeth die Szene, als auch sie eine Sohnesübertragung auf Colby vornimmt: „His face is familiar". Da sie mit der Möglichkeit rechnet, daß jederzeit ihr abhanden gekommener, „verlegter" Sohn auftauchen könnte, meint sie schließen zu dürfen, daß dies Colby sein müsse, der im Alter und Aussehen der Phantasiegestalt des „Sohnes" genau zu entsprechen scheint. Die „Eltern" beginnen um den vermeintlichen Sohn zu rivalisieren, der jedoch – falls er der Sohn von Sir Claude ist – nicht gleichzeitig der Sohn von Lady Elizabeth sein kann und umgekehrt. Der Ehestreit von Albees „Who is afraid of Virginia Woolf?" ist bereits vorweggenommen, nur daß der Sohn hier real anwesend ist und sonderbare, depersonalisierte Empfindungen registriert:

> ... Ich weiß nicht, ob ich bei diesem Gespräch
> Gelitten haben oder nicht. Mein ganzes Gefühl ist erstarrt.
> Wenn das Pein ist, ist es Teil einer Pein,
> Die ich noch nicht empfinden kann. Ich bin einfach unbeteiligt. (S. 373)

Als die Mulhammers ihren Streit schließlich beilegen und Colby gemeinsam behalten wollen, ist in diesem zu viel in Aufruhr geraten: er will jetzt selbst wissen, wer seine Eltern wirklich sind. Lady Elizabeth' Rat, auf weitere Nachforschungen zu verzichten, ist für ihn nicht annehmbar. Er widerspricht, als sie das unzerreißbare Band ins Feld führt, das Mutter und Kind, Mutter und Sohn miteinander vereine – ein zumindest aus diesem Mund grotesk klingendes Argument:

> ... Als ich zur Welt kam, waren Sie meine Mutter –
> Falls Sie meine Mutter sind – etwas Lebendiges.
> Jetzt ist es etwas Totes, und aus etwas Totem
> Kann nichts Lebendiges entspringen. (S. 373)

Die Figuren von Eliots Drama offenbaren spätestens an dieser Stelle ihre Doppelbödigkeit. Colby ist Ödipus im Zustand äußerster Ratlosigkeit, der alles daran setzt, etwas über seine Herkunft zu erfahren. Lady Elizabeth ist Jokaste, die dazu rät, die Frage der Herkunft auf sich beruhen zu lassen. Und der von Musischem faszinierte Sir Claude erinnert an Shakespeares Prospero, der auf seinen ihm so genau entsprechenden, „Wunscherfüllung" verkörpernden Ariel nicht verzichten will; alle Vorbehalte Colbys in den Wind schlagend, ist er nur darauf aus, diesen spiegelgleichen Sohn – so zumindest erscheint ihm Colby – möglichst für immer in seiner Nähe zu halten.

Wenn Colby sich diesem „grandiosen" Angebot verweigert, ist es Ausdruck seiner Wahrheitsliebe; er findet sich jedoch bestätigt durch seine Begegnung mit einer jungen Frau, die im Haus der Mulhammers ein mehr geduldetes als geachtetes Dasein führt. Auch bei dieser Lucasta handelt es sich um ein vorehelich Kind Sir Claudes – eines, um das möglichst wenig Aufhebens gemacht wird. Sie gilt Außenstehenden als die verflossene Geliebte Sir Claudes, was die Absurdität ihrer Existenz in diesem Hause noch verstärkt. Sie vertraut Colby an, wie groß die Selbstverachtung ist, mit der sie die Verachtung der Mulhammers – vor allem diejenige Lady Elizabeth' – noch zu übertreffen versucht. Während sie Colby einen „Garten" zutraut, der – metaphorischer Ausdruck innerer Freiräume – jederzeit zur Verfügung steht, habe sie selbst nie einen solchen Freiraum besessen:

> ... Mein Garten ist ... ein schmutziger Platz
> In einem schäbigen Londoner Viertel – wie das, wo ich einige Zeit
> Mit meiner Mutter wohnte. Ich habe keinen Garten.
> Ich fühle kaum, daß ich überhaupt jemand bin:
> Nein – nichts als ein Stück lebender Materie
> Auf der Oberfläche eines Kanales treibend.
> Treibend – das ist es. (S. 348)

Wie „treibend" und gleichzeitig leer sich Lucasta fühlt, wird deutlich an ihrer Beziehung zu ihrem Verlobten B. Kaghan, der sie gar nicht oft genug zum Essen, zur „Fütterung" ausführen kann: gleich ist Lucasta wieder hungrig. Ihr Verschmelzungshunger treibt sie auf Colby zu, in den sie sich verliebt und dessen Entsetzen angesichts dieser Tatsache sie verkehrt deutet: er ist zu diesem Zeitpunkt noch nicht autorisiert, über seine verwandtschaftliche Beziehung zum Hause Mulhammer zu sprechen. Lucasta fühlt sich erneut verachtet und muß wiederum, wie offenbar schon oft, von Kaghan gerettet werden, der die peinliche Situation mit Offenheit und Sinn für Komik beendet – „undistinguished", wie Lady Elizabeth anmerken würde. Der die Szene stets mit Elan und lautem Hallo betretende junge Mann – ein enger Mitarbeiter Sir Claudes – ist übrigens ebenso wie Lucasta und Colby in Verlegenheit, was die Umstände seiner Herkunft betrifft. Er weiß nur, daß er irgendwann aus der Obhut einer Pflegemutter, die die Kosten nicht länger bestreiten konnte, in die Hände der Adoptiveltern Kaghan überging, deren Namen er nun trägt. Seinen Vornamen Barnabas verschweigt er lieber, da er sich für den darin zum Ausdruck kommenden Einschlag von Sonderlings- und Sektierertum geniert.

Eliots Stück konfrontiert also ein Paar aristokratischer Eltern, die nach ihren verschwundenen Kindern suchen, mit einer Gruppe dreier junger Erwachsener, deren Herkunft entweder unklar oder schäbig (wie im Falle Lucastas) ist oder gewesen ist. Was Lucasta angeht, so kann ihr keine Macht der Welt zu einer anderen Herkunft verhelfen; was sie erhoffen kann – obwohl das Wort „Hoffnung" kaum das richtige scheint, Lucastas Bleiben im Haus der Mulhammers adäquat zu begründen –, ist allenfalls die Aussicht auf ein Wunder, eine plötzliche Besinnung und Sinnesänderung Sir Claudes. Was andererseits Colby und Kaghan angeht, so zieht sich ihrer beider Herkunftsproblematik dramatisch in einer Mrs. Guzzard aus Teddington zusammen, der im Stück die Rolle eines „deus ex machina", einer weit weg von der Stadt lebenden Pallas Athene (Katherine Worth, 1975, S. 233) zufällt. Mrs. Guzzard – in der Lady Elizabeth die Pflegemutter von einst vermutet, der sie ihr voreheliches Kind anvertraute – hat ein eigenes Kind großgezogen, andere zeitweise in Pflege genommen. Sir Claude lädt sie in sein Haus ein und bittet Eggerson darum, die Befragung zu leiten, von der alle Beteiligten sich Aufschluß erhoffen. Die mythische Gerichtsverhandlung des antiken Dramas aktualisiert sich hier im Hause der Mulhammers, die sich im Lauf des Dramas wiederholt zu ihrer Areligiosität bekennen und darin so weit gehen, nicht einmal an die Möglichkeit religiöser Einstellungen zu glauben („I've never known any" p. 42), obwohl Eliot keinen Zweifel daran läßt, daß Eggerson gläubig ist und spätestens mit Mrs. Guzzard die religiöse Dimension in das Stück einbricht. Auf dem „Aeropag", der da im Hause eines modernen aufgeklärten Privatmannes tagt, beseitigt Mrs Guzzard rasch jede Unklarheit, die die Herkunft der beiden Sohnesfiguren – Colby und Kaghan – bis dahin umgab. Colby ist ihr eigener Sohn, den sie den Wünschen Sir Claudes entsprechend als Kind ihrer Schwester ausgab, um ihm so die Anwartschaft auf die Nachfolge und das Vermögen Sir Claudes zu erhalten. Kaghan ist der Sohn Lady Elizabeths, den sie eine Weile in Pflege nahm, bis die Angehörigen des Kindes ihre Zahlungen einstellten. War dieses Verhalten Mrs. Guzzards wenig „göttlich", indem es von Berechnung und mangelnder Mütterlichkeit zu zeugen scheint, so sind doch die Auswirkungen ihrer Enthüllungen umwälzend; sie befreit Colby mit einem Schlage von jedem Anspruch, den die Mulhammers auf ihn stellen könnten, verhilft aber dafür den Mulhammers zu ihren wirklichen Kindern, denen sie sich zu stellen haben: statt des von beiden erwünschten Colby Kaghan und (im Falle Sir Claudes) die nun allein als „Kind" auf der Szene anwesende Lucasta.

Was Colby angeht, so zeigt ihm Mrs. Guzzard (einst seine leibliche Mutter, aber nun eine die Verhältnisse ordnende höhere Macht) die Möglichkeit einer neuen Identität, indem sie ihm von seinem erfolglosen Musikervater erzählt, der vor seiner Geburt starb. Es handelt sich nun nicht mehr um die von Sir Claude so intensiv erstrebte (und von Colby verweigerte) Spiegelgleichheit, sondern um die dem wahren, leiblichen Vater zugeordnete Möglichkeit, sich als ein „menschliches Wesen unter anderen menschlichen Wesen" zu erfahren

(Kohut, 1987, S. 286). Diese Selbstobjekt-Erfahrung – von Kohut Zwillings- oder Alter-Ego-Übertragung genannt – kommt in Colbys Worten bewegend zum Ausdruck:

> ... Ich habe die Vorstellung von einem Vater.
> Sie ist mir eben gekommen. Ich hätte gern einen Vater,
> Den ich nie kannte und jetzt nicht kennen könnte,
> Weil er gestorben ist, bevor ich geboren wurde
> Oder bevor ich mich erinnern kann; den ich nur
> Vom Erzählen, aus Urkunden kennenlernen könnte –
> Die Geschichte seines Lebens, seiner Erfolge oder Fehlschläge.
> Mehr seiner Fehlschläge vielleicht als seiner Erfolge –
> Aus Dingen, die ihm gehörten, und verblaßten Photographien
> würde ich versuchen, eine Ähnlichkeit zu entziffern;
> Dessen Bild ich mir selbst schaffen könnte,
> Um mit diesem Bild zu leben. Ein alltäglicher Mensch,
> dessen Leben ich irgendwie fortsetzen könnte,
> Indem ich so sein würde, wie er gern gewesen wäre,
> Und die Dinge tun würde, die er gern getan hätte. (S. 406)

Diese Erfahrung ermöglicht es Colby, Sir Claudes Anspruch auf Spiegelgleichheit – „the claim of our likeness", (p. 130) – zurückzuweisen, den dieser selbst jetzt noch aufrechtzuhalten versucht:

> Nein, Sir Claude. Ich hasse es, Sie zu kränken,
> So wie ich es jetzt tue. Aber es ist jetzt anders.
> Solange ich glaubte, Sie wären mein Vater,
> War ich zufrieden, die gleichen Ambitionen gehegt
> Und ihr Scheitern ebenso angenommen zu haben.
> Sie hatten Ihren Vater vor sich, als Ihr Vorbild;
> Sie kannten Ihr Erbe. Nun kenne ich meines. (S. 413)

In einem weiteren Schritt kann Colby von einem realen Angebot Gebrauch machen, das ihm eine andere Vaterfigur unterbreitet: Eggerson – der frühere Privatsekretär – weiß von einer freien Organistenstelle in seiner Gemeinde. „We have a spare room", sagt Eggerson (p. 133) und spielt damit auf die Tatsache an, daß die Eggersons ihren einzigen Sohn im Krieg verloren haben. Seither tut sich mit jeder Wiederholung der Jahreszeit im Leben der Eggersons die unverheilte Lücke auf, die Eggerson mit den Worten umreißt, ohne seinen Garten oder seine regelmäßigen Fahrten nach London wäre die Melancholie seiner Frau nicht auszuhalten. Indem er dem aus allen Bindungen entlassenen Colby sein Arbeits- und Stellenangebot unterbreitet, überbrückt er zugleich das existentielle Vakuum seiner Frau: eine auf dem Grunde des Stückes spürbare Lücke oder Wunde beginnt sich zu schließen.

Es ist dies die leere Stelle, die sich dafür im Leben der anderen, auf der Szene zurückgebliebenen Figuren auftut. Eliot hat offensichtlich vor der Möglichkeit konventionellen Trostes zurückgescheut und es bei szenischen Andeutungen belassen, wie sich die vier Mitglieder der unerwartet konstituierten „Familie" – Kaghan, Lucasta und die Eltern Mulhammer – miteinander zurechtfinden. Prospero hat gewissermaßen seinen Ariel eingebüßt, den niemand ihm zurückholen, ihm zurückerstatten will oder kann. Ihm ist jedoch seine Tochter geblieben, die – wie zum Zeichen, daß sie seine Situation versteht – vor ihm niederkniet und ihren Kopf in seinen Schoß legt. Ist Sir Claude in der Lage, die Geste zu verstehen und sich der Herausforderung zu stellen? Sicher ist nur, daß es Colby war, der mit seinem Fortgehen und dem Freilassen der ihm zugedachten Rolle diesen vorsichtigen Beginn einer Beziehung überhaupt ermöglichte. Katherine Worth schreibt in ihrem bereits zitierten Aufsatz, die Identität Colbys bleibe – jenseits aller Enthüllungen Mrs. Guzzards – zentrales Thema des Stükkes; bewahre mit anderen Worten ihre Vieldeutigkeit. Der Grund dafür dürfte sein, daß diese Gestalt nicht nur aus Eliots Drama, sondern darüberhinaus aus einer langen Tradition erwachsen ist, die – herkommend vom „König Ödipus" – selbst noch einem literarischen Spätprodukt wie dem „Confidential Clerk" zu seiner Bedeutung und Hintergründigkeit verhilft.

DRITTER TEIL:

EIN REALER FALL VON ADOPTION

Der anonyme autobiographische Text, der – so die Intention seines Verfassers – Licht auf die innerseelischen Schwierigkeiten von Adoption werfen soll, erzählt Kindheit und Pubertät eines in früher Kindheit Adoptierten. Da die Modalitäten der Adoptionsvermittlung noch in eine Epoche fielen, in der eine heute aufgegebene Strategie praktiziert und empfohlen wurde – dem Betroffenen so lange wie möglich nichts, vielleicht nie etwas sagen –, spielte Mystifikation in dieser Kindheit eine zentrale Rolle. Wie für vergleichbare Fälle gilt aber auch für diesen, daß Mystifikation nur umso größere Anstrengungen hervorruft, hinter das Geheimnis zu kommen. Der Text berichtet von diesem Antagonismus von Geheimhaltung und De-Mystifikation.

Meine Kindheit unterschied sich von der anderer Kinder vor allem dadurch, daß ich im Abstand von vier Wochen zweimal hintereinander Geburtstag hatte. Der eine Geburtstag war im Mai und entsprach dem „amtlichen" Datum. Der andere wurde im Hause der Großeltern begangen und gewissermaßen zu diesem Zweck inszeniert. „Verplappere dich diesmal nicht", mahnte die Mutter, wenn wir uns an einem Tag im Juni auf den Weg machten und an Getreidefeldern und Telegrafenleitungen vorbei auf das Haus der Großeltern zugingen. So ernst die Inszenierung war und so stumm die Mutter werden konnte, sooft ich mich „versprach", war es doch immer so, als wüßten alle Beteiligten Bescheid und spielten nur mit, weil es irgendwann so von der Mutter aufs Programm gesetzt worden war. Die Äußerungen der Großmutter – einer seelisch eher grobschlächtigen, aber auch listigen Frau – waren gespickt mit Anspielungen; und selbst wenn es keine Anspielungen waren, traten sie durch den Geheimhaltungszwang doch mit meiner Person in Verbindung. Der krummgewachsene Schattmorellenbaum war ein „Zwitter", das Tränende Herz im Staudenbeet in Wahrheit eine „Jungfrau im Bade". Die Großmutter nahm mich mit in den Garten, um mir selbst die Verwandlung vorzuführen, indem sie eine der Blüten verkehrt herum hielt. Aus dem Tropfen, der aus einem roten Herzen quoll, wurde nun ein Fräulein in einem roten Badezuber, die zarten Arme seitlich aufgestützt. Es war daher kein Zufall, daß ich eines Tages im Beisein der Mutter in Tränen ausbrach und auf ihre erschrockene Frage erwiderte, in Wirklichkeit habe sie sich jemand anders, ein Mädchen gewünscht.

Die Zweiteilung, die sich hier durch mein Leben zog, verschonte auch meine „Kuscheltiere" nicht. Eines von ihnen ruft noch heute weiche, zärtliche Empfindungen wach; ebenso die Fuchszwillinge am Pelzkragen der Mutter, die mich mit ihren blanken Äuglein so verschmitzt ansahen, als ob wir Komplizen wären. Daneben aber gab es die „Panze" (ungewiß, woher der Name rührte), deren Hauptmerkmal es war, daß sie verdrossen in die Welt starrte. Dadurch daß sie ihre Augen nicht schließen konnte (die Wimpern fehlten), schien sie nie vergessen zu können, was sie am Tage erlebt hatte. Sie spiegelte etwas wider von meiner eigenen Verdrossenheit, wenn ich durch die Zimmer der kleinen Wohnung lief und nach etwas suchte, was vor kurzen noch dagewesen war. Vor allem das Aufwachen aus dem Nachmittagsschlaf ging mit einer solchen Verstimmung, solcher „Eintrübung" einher. Es war wie ein ewig grauer Himmel; als ob das Leben seine Farbe verloren hätte. Die Mutter schien mit der Zeit gegen mein Wissenwollen immer mehr abzustumpfen, obwohl eine Ahnung da war, als wäre es ursprünglich einmal anders gewesen: ehe die „Abstumpfung" eintrat, bestand gewissermaßen Gefahr, daß die Mutter unter dem Ansturm meiner Fragen wie in kleinste Teile zersprang.

Meine Kindheit war durch die Anwesenheit weiblicher und die Abwesenheit männlicher Personen bestimmt. Die Woche war dadurch strukturiert, daß irgendwann zu Beginn der Woche der „Mappenmann" kam. Das ging mit der Hoffnung einer, in der neuen „Mappe" möchten wieder möglichst viele Bilder von Doppeldeckern, Pullman-Wagen und Turbinenlokomotiven enthalten sein. Ich hoffte auch auf einen neuen Baumkuchen, wenn der Vater von der Geschäftsreise zurück sein würde. Wenn die Mutter mit mir spazieren oder einkaufen ging, lag eine Ahnung in der Luft, der Vater könnte kommen und sein Wagen plötzlich neben uns am Kantstein halten. Die Welt war wie ein großes Rundzelt, das mit dem Horizont hinter den Baumkuppeln abschloß; dort, wo es zu Ende war, vermutete ich den Vater. Das Zelt war oft von Walzer- oder Marschmusik erfüllt – vielleicht das Mittagskonzert im Radio, das leise weiterspielte, während die Mutter Mittagsschlaf hielt. Dann verschwand ich im Einschnitt unter dem Schreibtisch des Vaters, den ich mit einer Wolldecke verhängte, um noch ungestörter zu sein. Von hier aus konnte ich, ohne selbst gesehen zu werden, beobachten, wer zu uns kam, und es war zugleich für mich eine Rückzugsmöglichkeit, wenn Kinder bei uns in der Wohnung waren und Trubel und Unordnung mir plötzlich zuviel wurden.

In einem meiner Bilderbücher, das von personifizierten Blumen handelte und sie zu Rittern und Damen stilisierte, schlug ich nicht das stark farbige Bild von einem Turnier, sondern die kleine einfarbige Zwischenzeichnung auf, die Auskunft über den Verbleib des besiegten Ritters gab. Sie zeigte nicht den von Damen umringten Sieger, sondern den Geschlagenen, der mit zerhauenem Speer der untergehenden Sonne entgegenritt. Es war, als stehe mir diese Rolle näher als jede andere, und als sei ich in Einklang mit mir nur dann, wenn ich in Ruhe und im Dunkel der „Höhle" über etwas nachsinnen und nachdenken konnte. So auch beim Blättern im „Realienbuch", das noch aus der Kindheit der Mutter stammte, oder im „Hohenzollernalbum", das fast wie ein Familienalbum anmutete. Es bestand aus Feldpostkarten, welche die Mutter im ersten Weltkrieg gesammelt hatte. Frauen in übergroßen, riesigen Hüten nahmen vom Kaiser und seinen Söhnen Abschied, die – pro forma zumindest – bei Ausbruch des Krieges ins Feld zogen. Am Ende des Albums waren intimere Szenen dargestellt, ein privater Abschied oder eine Sterbeszene, in der ein geisterhaft durch die Gesträuche greifender Christus einem gefallenen Soldaten die Augen schloß. Das letzte Bild war eine Szene im Stil eines Comic-Strip und zeigt ein kleines Mädchen, das zu einem Hindenburg-Porträt an der Wand aufsah: „O du mein Hindenburg" stand in Schönschrift darunter. Am ersten Schultag schickte mich die Mutter zum Lehrer nach vorn, zu fragen, ob ich wirklich aufgerufen worden sei: erster Schultag und Hindenburg-Bild verschmolzen so zu einer einzigen Szene.

Die Einschulung fiel mit dem Kriegsausbruch – September 39 – zusammen und ebenfalls mit dem Zeitpunkt, daß wir unsere Dreizimmerwohnung verließen und ein eigenes Haus bezogen. Es war eine alte Villa von 1908 mit einer „Loggia", einem großen Garten und einem Weinstock an der Südwand, der voller Trauben hing, als wir einzogen. Ich sah später nie wieder so große Trauben an ihm wie in jenem Herbst, und nie wieder beeindruckte es mich so, daß bei der Apfelernte im Oktober einige der zuhöchst sitzenden Früchte als Opfer oder Erntedank am Baum blieben. Fremdartige Gebilde, die ich ausgrub – es wurden immer mehr mit der Zeit – hatten wohl einst die Giebel als Wasserspeier geziert. Drinnen im Haus gab es im Erdgeschoß die zwei großen ineinandergehenden Zimmer – mit einer mächtigen Flügeltür in der Mitte, die das ganze Jahr über offen stand und sich nur einmal kurz vor Weihnachten schloß – und vier Zimmer im Oberstock, in deren einem wir die kältesten Wintermonate verbrachten. Da es mit einem zusätzlichen Ofen heizbar war, konnte die Zentralheizung im Keller sparsam betrieben werden, obwohl sie möglichst nicht ausgehen sollte: hierfür hatte mit der Zeit – wenn der Vater in seinem Werk Brandwache halten mußte – ich zu sorgen. Wenn ich die Kohlen in die Kiepe gefüllt hatte und zum Einschütten ansetzte, kam immer ein Moment, vor dem ich Angst hatte: dann schien es im hinteren Teil des Kellers lebendig geworden zu sein. Jemand hatte sich dort verborgen gehalten und bewegte sich in diesem Augenblick – an Luftschutzbetten und Borten mit Eingemachtem vorbei – auf mich zu. Er stand hinter mir, sowie die Kohlen in den Ofen prasselten und das Geräusch mir jede Möglichkeit der Kontrolle nahm. Wie um mir zu beweisen, daß ich ihn mir nicht eingebildet hatte, hauchte er mich schließlich im Nacken an. Ich rannte die Treppen wieder hinauf und fühlte mich erst in Sicherheit, wenn ich die „kleine Stube", die unter der Hängelampe sitzenden Erwachsenen erreicht hatte.

 Nachträglich kommt es mir vor, als wäre ich dort im Keller regelmäßig auf eine andere Erscheinungsform des Vaters gestoßen – einen Vater, der sich wehrte und nicht immer nur klein beigab, wie ich es im Umgang mit Frauen an ihm beobachtete. Vielleicht hing es mit dieser zweifachen Erscheinungsform des Vaters zusammen, daß wir, sobald wir allein miteinander waren, gegeneinander verstummten. Gingen die Frauen aus dem Haus – die Mutter und ihre ältere Schwester, die mit dem Kauf des Hauses zu uns gezogen war –, war es wie ein schwerer atmosphärischer Druck, eine lastende Angst: das leere große Haus um uns herum, und der Vater in seiner Stummheit. Einmal zeigte ich ihm von meinem Balkon aus, daß die Wolken wie Götter oder Walküren geformt waren, aber er schwieg dazu, und die Mutter gab mir nicht lange darauf den Rat, meine Mythologiebücher eine Weile beiseitezutun. Das griff tief in meinen inneren Haushalt ein, denn Abend für Abend inszenierte ich in der „kleinen Stube" – sooft der Rundfunk eines der Wagnerschen Musikdramen sendete – Spiele, bei denen die Figurinen des Winterhilfswerks (ursprünglich Kaspar- und Märchenfiguren) als Götter und Helden fungierten. Unter ihnen waren zwei, die unterschiedliche Aspekte des Weiblichen verkörperten und, wie ich heute vermute, für Mutter und Tante standen. Wenn alles mit rechten Dingen zugegangen wäre, hätte der Vater der Tante wohl das Hausrecht gekündigt, sobald sich herausstellte, daß sie nicht gesonnen war, ihn anzuerkennen und ihn auf die ihm gemäße Weise leben zu lassen. Stellvertretend für ihn zog ich Abend für Abend – sooft Wagner auf dem Programm stand – die eine der beiden weiblichen Figuren aus dem Spiel. Die Tante, die mit in der kleinen Stube saß und sich an den

Apfelschnitzen gütlich tat, von denen immer eine Schüssel voll auf dem Tisch stand, ahnte aber wohl kaum etwas von ihrem „Tod" unter den Trümmern der zusammenstürzenden Götterburg oder Nibelungenhalle.

Außer den Winterhilfsfiguren brachte mir der Vater aus dem Werk Frachtbögen mit, die – nur zum Teil bedruckt – von mir nach Belieben mit Text oder Zeichnungen gefüllt werden konnten. Im Mai 42 jährte sich zum hundertsten Mal der Ausbruch des Großen Brandes, der einen Teil der Innenstadt verwüstet und sich tief in das Gedächtnis der Städter eingegraben hatte. Ich hielt die dramatischen Höhepunkte der Katastrophe im Bild fest – Turmstümpfe meist, aus denen die Flammen schossen – und arbeitete vor allem an einem Motiv, für das es unter den zeitgenössischen Darstellungen kein Vorbild gab. Einer mußte das Feuer als erster gesehen und die schlafenden Bewohner gewarnt haben. Immer wieder zeichnete ich das dunkle Massiv der Stadt – finster in seiner Kompaktheit – und ließ mitten im Gewirr der Giebel die erste Flamme aufzucken. Oder ich zeichnete einen in die Mulde zwischen zwei Bergen eingebetteten griechischen Tempel mit der Morgenröte dahinter – Schlußstück einer „Geschichte Griechenlands", von der nur diese Zeichnung und der Schluß des Textes existierten. Es war eines jener grandiosen Projekte, die fast unvermeidlich die Wachsamkeit und das Mißtrauen der Mutter auf den Plan riefen. Der Schlußsatz, nun habe Adolf Hitler Griechenland „befreit", wurde von ihr sehr kühl kommentiert. Da sie sonst selten Kommentare zu Tagesereignissen von sich gab, beeindruckte dieser mich tief und nachhaltig, und mir war, als besäße die Mutter ein Wissen über mich, das weniger meine Person als meinen Hintergrund betraf – was immer das sein mochte. Einmal brachte ich mich absichtlich in Gefahr und erzählte ihr aus dem Stegreif, Nachbarskinder hätten von meinem jüdischen Profil, jüdischen Habitus gesprochen. In Wahrheit war nur mir selbst etwas aufgefallen, als ich im Familienalbum bis zu meinen Säuglingsbildern zurückgeblättert hatte: so dunkel und fremdartig sah ich auf ihnen aus. Die Mutter ließ alles stehen und liegen und lief zur Mutter der Nachbarskinder hinüber, und ich blieb voller Angst zurück – in der festen Überzeugung, nun sei etwas Unwiderrufliches, nicht wieder gut zu Machendes geschehen.

Der Kampf um meine Identität – darum handelte es sich offensichtlich, in erwachsener Sprache ausgedrückt – verlagerte sich in der Folge aus dem familiären Umkreis in die Schule, wo weibliche Lehrkräfte – die Männer waren im Krieg – Vertretungsstunden übernahmen. Eine von ihnen las uns regelmäßig aus „Mein Kampf" vor, darunter ein Kapitel, das von der Lebensnot des deutschen Volkes und der notwendigen Vernichtung des jüdischen Volkes handelte. Sie las mit Eifer und merkte daher lange nicht, daß einer der Schüler darzutun versuchte, daß er – physiognomisch – der jüdischen Rasse angehöre. Kaum hatte sie mein Treiben bemerkt, geriet sie in einen Zorn, mit dem nun wieder ich nicht gerechnet hatte. Wer bei dem heiligsten Buch der Deutschen – so drückte sie sich aus – solchen Unfug treibe, sei nicht wert, in der Gemeinschaft zu bleiben. Damit schickte sie mich vor die Tür. Die anderen Schüler gingen nachhaus – nicht ohne mich, wie mir schien, mit Verachtung anzusehen –, und es wurde dunkel, ohne daß sich drinnen in der Klasse etwas rührte. Endlich faßte ich mir ein Herz und klopfte an die Tür. Als ich an diesem Abend im

Dunkeln nachhause ging, war es mit trüben Gedanken. Erzählen zuhause konnte ich nichts – der Vorfall kürzlich hatte es mir in aller Deutlichkeit gezeigt –, und falls die Vertretungslehrerin es ins Klassenbuch eintrug, war meine Position als Musterschüler – auf die die Mutter größten Wert legte – gefährdet. In der Tat war es schon vorgekommen, daß sie mich keines Blickes würdigte, weil ich mit einem Dreier-Zeugnis nachhause gekommen war: „Dann kannst du ja Gärtner werden", hatte sie verächtlich gesagt, als ich ihr zeigen wollte, was ich in der Zwischenzeit im Garten getan hatte.

Ich lebte in jener Zeit wie in einer Zwickmühle und war nicht umsonst überzeugt, „verdammt" zu sein und in die Hölle zu müssen. Ich weiß nicht mehr, was ich mir unter der Hölle vorstellte, aber wahrscheinlich war es jener unterirdische Raum in mir, aus dem immer neu unerwartete Dinge aufstiegen, ohne daß ich sie rechtzeitig gewahr wurde und anhalten konnte. Mit dem Telefon in unserer Diele verband sich damals die ständige leise Angst, es könnte anschlagen und die Behörde für Schule, Jugend, Soziales ihr Interesse an einem so abartigen Kind bekunden. Nicht umsonst hatte einer der Prüfer bei der Oberschulprüfung mich mitleidig angesehen und gesagt, was für ein sonderbarer Junge ich sei. Damals wurde Kindern noch viel mit dem „Rauhen Haus" gedroht, einer Einrichtung für Schwererziehbare, von der niemand mehr zu wissen schien, daß sie einst – nach ihrem frommen Gründer – „Ruge's Huus", Haus des Pastors Ruge geheißen hatte. So aber stellte ich mir ein Bauwerk aus rohen Quadern vor, in dessen Innerm spartanische Erzieher ihres Amtes walteten. Daß der Lehrer in der Schule die Beherrschung verlor und Jungen, die nicht gelernt hatten, mit dem Rohrstock züchtigte, hatte ich des öfteren mitangesehen; aber ich hatte auch in meinen Sagenbüchern von Müttern gelesen, die ihren Söhnen das Hemd auf die bloße Haut nähten, um ihren Mut zu erproben oder zu stählen. Die zeitbedingte Ideologie tat das ihre dazu, und ich dachte oft mit Grauen darüber nach, welche Waffengattung ich wählen sollte, wenn die Reihe an mir war.

In diese Zeit fiel eine Mandeloperation, die im Hinblick auf die vielen Luftangriffe ambulant durchgeführt wurde. Ich bekam, wie es vorher mit dem Arzt vereinbart worden war, das herausgeschnittene Gewebe kurz ingehalten, war aber viel zu betäubt, mir viel dabei zu denken. Doch in den Nächten darauf kehrte die unter der Narkose erlebte Beklemmung wieder – ich mußte von neuem zählen und erlebte mein Denk- und Sprachvermögen wie abgeschnitten, meiner Verfügung entzogen. Wie die Tropfen aus der Chloroform-Flasche verloren sich die Zahlen eine nach der andern in einen unbegrenzten, aufgrund solcher Unbegrenztheit angstmachenden Raum. Sie stiegen wie auf schwindelhohen Leitern immer höher und stürzten sich, wenn sie den höchsten Punkt erreicht hatten, ins Nichts. Meine Aufgabe war es, sie zu zählen, aber statt einer Summe ergaben sie einen komplizierten Bruch, der für alles stand, was in der Welt oder im Leben nicht aufgehen wollte, sich nicht reimte, mit dem Verstand nicht zu fassen war. Auch als ich längst kein Rekonvaleszent mehr war, traten die Angstanfälle immer noch auf; dann suchte ich, aus dem Schaf aufschreckend, in den Armen der Mutter Schutz. Während sie mich hielt, konnte ich wie von einer Raumstation her verfolgen, wie die Angst wellenförmig abklang und ein Gefühl der Sicherheit zusehends an ihre Stelle trat.

Das vierte Kriegsjahr war angebrochen, es gab jetzt Nacht für Nacht Luftalarm. Waren wir früher oft zu den Verwandten aufs Land gefahren, so unterblieben diese Besuche jetzt oder waren doch nur schwer zu bewerkstelligen. Einmal blieb der Lauenburger Raddampfer, mit dem wir gewöhnlich fuhren, kurz vor den Elbbrücken liegen und ließ uns nicht wieder an Land. Es war Luftalarm oder Niedrigwasser: in der Tat hatte ich immer wieder mitangesehen, wie stark die Elbe im Lauf des Jahres anschwellen oder aber zu einem Rinnsal in der Mitte des Flußbettes werden konnte, wenn große Trockenheit herrschte. Erst gegen Mitternacht gingen wir an einer Notbrücke an Land. Starke Arme hoben Frauen und Kinder über den Spalt hinüber, der Schiff und Anlegebrücke voneinander trennte, und obwohl ich in der Dunkelheit kaum etwas unterschied, sah ich doch in der Finsternis – tief unter mir – das Elbwasser blinken. Ich reagierte zu dieser Zeit schreckhaft auf solche Eindrücke und meinte sogar schon, Alarm vorhersagen zu können. Lag ich an den langen Sommerabenden noch wach, horchte ich auf ein Geräusch am Horizont, von dem die Erwachsenen nach einmaligem Hinhören gemeint hatten, da sei nichts. Was ich aber wahrzunehmen meinte, war eine Art von Unruhe – verwandt mit dem unheimlichen Gesirre im Äther, wenn das Radio unscharf eingestellt war und verschiedene Sender einander überschnitten. Nach Art der trojanischen Kassandra glaubte ich mich in ein Warnsystem einbezogen, das irgendwo in der Mitte zwischen England – wo das Unheil um diese Zeit seinen Lauf nahm – und der deutschen Abwehr lokalisiert sein mußte. Noch ungeübt, derartige Dinge ins Psychologische zu übersetzen, ahnte ich nichts davon, daß ich meine eigene Abwehr, eigene Aggressivität zu belauschen versuchte. Aggressivität ist nachträglich spürbar in der Erinnerung an meinen zehnten Geburtstag, an dem ich zu früh wach wurde und merkte, daß die Erwachsenen noch dabei waren, mir den Gabentisch zu richten. Ich entschied mich dafür, mich schlafend zu stellen, ohne zu ahnen, welche Bürde ich damit auf mich nahm. Denn während ich den Schein der Kerzen unter geschlossenen Lidern spürte und den Duft der Gartenblumen einsog, empfand ich eine würgend starke Fremdheit, die mehr war als nur der säuerlich-nüchterne Geschmack der ungewohnt frühen Stunde. Mein Gefühl war verändert: es war, als seien die Erwachsenen Kinder und ich der uralte Erwachsene, der ihnen wie von weit draußen oder von der Zimmerdecke zusah. Es war, als verlange die Szene meine Anteilnahme, aber es sei mir unmöglich, meine Arme zu heben: hätte ich sie angehoben, wäre es nur eine lasche, tote Geste gewesen. Meiner Beobachtung war von da an öfter etwas Lebloses, Teilnahmsloses beigemischt, so als müsse vieles einfach so kommen, wie es kommen wollte, auch wenn es Zerstörung und Unfrieden einschloß. Es überraschte mich beinahe nicht, als ich eines Morgens zur Schule kam und statt des Schulgebäudes nur noch einen Schutthaufen vorfand, aus dem es rauchte und staubte. Nur der Klassenschrank, in dem unsere Aufsatzhefte verwahrt gewesen waren, hatte den Angriff überstanden, und so konnte ich Monate später nachlesen, was ich im Oktober 42 unter dem Titel „Ein schöner Herbst" geschrieben hatte. Aber sonderbar, auch hier hatte der Ton wieder etwas Distanziertes und Depersonalisiertes, als sähe ich alles wie durch eine Glas- und Trennscheibe hindurch, durch die es zwar Bild wurde, aber auch aufhörte, greifbar zu sein:

> Wir haben jetzt Herbst. Vom Herbstbeginn an ist es bis jetzt noch warm gewesen. Die Blätter beginnen sich zu färben. Es sieht schön aus, wenn sie in der Sonne rot, gelb und braun leuchten. Die Kinder spielen in der Sonne. Auf dem Schulhof sitzen sie auf den Randbänken. Die Vogelbeeren sind schon rot. Im Garten blühen Goldruten, Astern und Dahlien. Die frühen Äpfel und Birnen sind schon abgenommen. Durch die späte Wärme sparen wir Kohlen.

Als die Sprengbombe nachts das Schulgebäude zertrümmert hatte, hatten wir zuviert im Keller gesessen und uns zusammengekrampft; die Mutter hatte bei jedem der vier immer näherrückenden Einschläge aufgeschrien. So nahe waren wir dem Verderben noch nie gewesen, und doch war es nur wie eine Vorbereitung auf das, was im Juli 43 über die Stadt hereinbrach. Der Alarm hatte lange gedauert, hatte jedoch unseren Stadtteil verschont, und es war mehr der atmosphärische Eindruck von etwas Schrecklichem, der mich in Bann schlug. Das Telefon ging nicht; die Sonne schien braun durch eine Art von schmutzigem Nebel. An den Rhododendronblättern im Garten haftete zäher Ruß, der sich nur schwer abstreifen ließ. Ich ging wie immer nach großen Angriffen zu der nächstgelegenen Ausfallstraße, von der aus ich – sie lag besonders hoch – wie mit einem Fernrohr den Kirchturm sehen konnte, dessen Erhaltenbleiben mir besonders am Herzen lag; aber diesmal war nichts zu sehen, der rußige Nebel verhüllte alles, was in der Ferne lag. Auch war die Straße schon voll von Fuhrwerken, mit denen etliche Bewohner die Stadt verließen – Reste ihrer Habe und ihre Kinder bei sich. Als ich dann nachhause zurückkehrte und wie gewohnt das Haus vom Garten her betreten wollte, lag eine menschliche Gestalt auf der Gartenbank, so reglos und rußgeschwärzt, daß ich im ersten Augenblick annahm, alles Leben habe sie verlassen. Es war der Vater, der nach vergeblicher Löscharbeit zu Fuß nachhause gegangen war, rechts und links von ihm die brennenden Häuser. Während er schlief und sich von seiner Rauchvergiftung erholte – er hatte getorkelt, als wir ihn ins Haus brachten, und mich an einen Betrunkenen erinnert –, zog in der Nähe unseres Hauses der immer dichter werdende Treck derer vorbei, die der Vernichtung entgehen wollten. Um diese Zeit waren die Straßen um mich herum bereits kinderleer.

Ein Ehepaar, das bei uns anklopfte und um Wasser bat, blieb gleich bei uns wohnen; es erhielt eines der Zimmer im Erdgeschoß, womit sich die Schiebetür in der Mitte für immer schloß. Die Mutter erinnerte in der Folge noch manchmal daran, wie die Sonne vom Garten her durch das Haus geschienen hatte; sie behauptete sogar, Spaziergänger seien gelegentlich stehengeblieben wie vor einem besonderen Schauspiel. Auf dem Rest der Frachtbögen, den ich noch besaß, versuchte ich den Durchblick festzuhalten, der so von einem Augenblick zum andern Vergangenheit geworden war. Indem ich die Eßzimmerlampe – schöner, „schwebender", als sie vermutlich je gewesen war – vor einen leuchtenden Hintergrund setzte, hatte sie fast etwas von einem segenverheißenden Vogel, der zur Landung ansetzt. Das Arbeiten an der Zeichnung hielt mich die nächsten ein, zwei Jahre über Wasser, obwohl mir nichts von dem entging, was um uns herum geschah. Einmal kamen Mutter und Tante bleich und verstört von einem Einkaufsgang zurück und mochten lange nicht sprechen von dem Trupp abgezehrter Häftlinge, der ihnen unterwegs – zwischen Gefängnis und Güterbahnhof – begegnet war. Später wurde daraus einer jener Mosaiksteine, aus denen sich das Schreckliche zusammensetzte, wovon die Blätter der britischen Militärregierung die erste Kunde enthielten. Aber vorauf ging noch die Nachricht vom Tode Hitlers, der der deutsche Rest-Rundfunk den Trauermarsch aus „Götterdämmerung" folgen ließ. Hatte die Musik mir eben noch suggeriert, ein großer Held sei gefallen, fiel unmittelbar darauf die Vorstellung vom „Judenkind" schon irreversibel mit dem Gedanken an Vernichtung, Auslöschung, Ausrottung zusammen.

Veränderungen in der nächsten Umgebung bahnten sich an. Kaum hatte ich vom Garten aus die englischen Panzer gen Norden rollen hören, fuhren Möbelwagen durch unsere stille Straße und sammelten Möbel ein. Eine Kommission besichtigte jedes Haus und beschlagnahmte diejenigen, die noch keine „Einwohner" aufgenommen hatten. Stacheldraht verbarrikadierte Ein- und Ausgang der Straße; Bäume wurden gefällt, um Platz für Jeeps und Motorräder zu schaffen. Das Rohr unseres Notofens, das direkt ins Freie führte, verstopfte von dem Teer, den das elende Heizmaterial aussonderte; dann fand ich heimkommend die Mutter vor dem Ofen knien, der statt Wärme nur Qualm hergab, und ihr Leben verfluchen. Die Porzellan- und Keramiksammlung von Nachbarn, deren Haus beschlagnahmt worden war, schimmerte matt durch das Dunkel. Sie mußte täglich gereinigt werden von den Rußpartikeln, die sich auf allen diesen Nymphen, Madonnen und Rossebändigern niederschlugen – einer inmitten des Chaos besonders widersinnigen, anachronistischen Gesellschaft. Hielt ich es gar nicht mehr aus, so ging ich ins Kino, das – wenn es nicht für die Besatzungsmacht spielte – alte deutsche und synchronisierte englische Filme anbot. Daß James Mason und Margaret Lockwood die dunklen und bösen, Stewart Granger und Phyllis Calvert die guten Charaktere verkörperten, war fast schon wieder eine Ordnung, an die ich mich halten konnte; nur wurde diese „Ordnung" durch Filme anderer Art bereits wieder in Frage gestellt. „Dead of Night" („Traum ohne Ende") konfrontierte mich mit einem Mann, der behauptete, er habe alles schon einmal erlebt und müsse im nächsten Augenblick jemand anders töten. Stellte dieser Film die menschliche Willens- und Entscheidungsfreiheit massiv in Frage, zeigte ein anderer – „The Seventh Veil" –, daß mithilfe psychoanalytischer Behandlung ein Ausweg aus dem Chaos möglich sei. Tiefer als diese Botschaft beeindruckte mich Ann Todd in der Rolle der traumatisierten und psychoanalysierten Pianistin, deren Leuchtkraft die Anziehung anderer Stars – auch Margaret Lockwoods – aus dem Felde schlug.

Ich hörte auch bereits von einem Film, für den das deutsche Publikum nur Spottgelächter und Zwischenrufe übrig gehabt hatte; doch sah ich diesen Film – „Brief Encounter" – damals noch nicht, wohl weil er nicht jugendfrei war und überdies so rasch wieder aus den Kinos verschwand. Ich sah erst den darauffolgenden Film des Regisseurs, gedreht nach einem Roman von Charles Dickens. Mit zwei Kinokarten, die der Vater besorgt hatte, fuhr ich an den vielen leergebrannten Fassaden vorbei in die Innenstadt, wo die Mutter schon wartete.

Kaum hatte wir unsere Plätze eingenommen, als der Film anfing. Ein Buch blätterte sich auf, die Landschaft der Themsemündung erschien. Als der unheimliche Sträfling so urplötzlich vor dem kleinen Pip auftauchte, ging eine Bewegung durch das Kino; die Mutter neben mir schrie auf – so wie einst bei den lautesten Bombeneinschlägen. Ich trug die Bilder des Film von da an innerlich immer bei mir: als ein Schulausflug mich nicht lange darauf elbabwärts führte, übersetzte ich ständig Deiche und Dampfschiffe – was immer ich sah – in die Welt des Films. Es war, als zeichne sich eine unwiderrufliche Trennungslinie ab, die mich meiner deutschen Umwelt zunehmend entfremdete. Gleichzeitig jedoch weiteten sich meine Filmkenntnisse von Film zu Film immer weiter aus: in dem Maße, wie sich die Zonengrenzen gegeneinander öffneten, gab es jetzt auch französische, amerikanische, selten einen russischen Film zu sehen. Jetzt lernte ich die großen Filme der Dreißiger- und Vierzigerjahre kennen, Werke von Renoir und Carné, Wyler und Huston, mit einer Verzögerung auch Rossellini und de Sica. Ich sah Filme, die Fritz Lang und Ernst Lubitsch in Hollywood gedreht hatten; sah die großen deutschen Filme von vor 33 – „Varieté", „Mädchen in Uniform", „Der Blaue Engel" – wie mit den Augen eines Ausländers. Wo Lücken blieben, zog ich englischsprachige Filmgeschichten zu Rate. Den Versuch allerdings, die Menschen um mich herum mit meiner Begeisterung anzustecken, ließ ich rasch bleiben, denn ich sah, daß fast nur Mißverständnisse dabei herauskamen. Einen zehn Jahre älteren Vetter – gerade aus der Gefangenschaft zurück – schickte ich mit seinem Vater in „Kinder des Olymp" und bekam beim nächsten Sehen von ihnen erklärt, ein Volk, das solche Filme mache, sei dekadent. Nun wurden Filmbesuche endgültig zu dem einsamen Vergnügen, das sie imgrunde schon immer gewesen waren.

Ein von der Militärregierung verhängtes Verbot unterbrach um diese Zeit – Februar oder März 1949 – die Kontinuität meines Filmesehens. Displaced persons – so die offizielle Verlautbarung – hatten in der Nähe des Kurfürstendammes gegen den Film „Oliver Twist" protestiert, den zweiten Dickens-Film des Regisseurs David Lean, der als „begabtester der jungen englischen Regisseure" apostrophiert wurde. Sah man hinter die Kulissen, so war die Empörung von den USA – wo der Film dann ebenfalls verboten wurde – nach Berlin übergeschwappt und hatte wer weiß welche unklaren Hintergründe; aber so weit sah ich damals noch nicht. Da sich der Protest gegen den angeblichen Antisemitismus des Films richtete – Alec Guinness in der Rolle des Fagin –, verstand ich sehr wohl, was auf dem Spiel stand; insofern es jedoch der neueste Film Leans war, auf den ich schon sehnlichst wartete, traf die Entscheidung der Militärregierung mich hart. Mit ohnmächtigem Zorn verfolgte ich die Nachrichten im Radio und ging tief niedergeschlagen abends in ein Konzert, für das mir jemand – ich könnte nicht mehr sagen wer – eine Karte geschenkt hatte. Gespielt wurden unter anderem die „Préludes" von Liszt, die jeder Sondermeldung voraufgegangen waren und sich für mein Gefühl mit unheilvoller Bedeutung aufgeladen hatten. Mein Platz war unmittelbar hinter einem der breiten Pfeiler der Galerie, die den Blick auf das Orchester verstellten, so daß es mir vorkam, als hätte ich eine Art von Filmleinwand vor mir, auf der der soeben verbotene Film eigentlich hätte erscheinen müssen, wenn alles gut und richtig gelaufen wäre. Stattdessen projizierten sich meine trübseligsten und hoffnungslosesten Gedanken auf die leere weiße Fläche. Nicht der mir entgangene Film war das eigentlich Schlimme, gestand ich mir ein. Schlimm war, daß ich seit geraumer Zeit der Mutter nicht mehr in die Augen sehen konnte. Als die Eltern kürzlich in unserem überfüllten Wohnzimmer ihren Mittagsschlaf gehalten hatten, war mir der Gedanke durch den Kopf geschossen, die Mutter sei „auch nur eine Frau, mit der man schlafen könne". Dabei war mir heiß und kalt geworden, und auch jetzt, beim Hören der Musik, wurde mir wieder so.

Solange ich denken konnte, hatte die Mutter nicht nur gegen meine „grandiosen" Projekte, sondern auch meine sexuellen Regungen einen unerbittlichen Kampf geführt. Hatte ich mich als Sieben- oder Achtjähriger mit einem der Nachbarsmädchen auf ein Luftschutzbett gekuschelt, war von der Mutter sofort eine Warnung ausgesprochen worden: auf einmal kommt ein Kind, und du mußt heiraten. Bevor ich wußte, woher die Kinder kommen, war „Heiraten" so zu einer Art Strafe geworden, die sexuellen Übertritten auf dem Fuße folgte. Daraus war ein Mutterbild hervorgegangen, das mit der Realität nicht mehr allzuviel zu tun hatte: noch zu einer Zeit, als ich bereits wahrnahm, daß ein von der Mutter getragener Pullover Flecken aufwies, war das innere Bild der Mutter so fleckenlos geblieben, daß es eher zu einer Heiligen gepaßt hätte. „Du darfst sie nicht begehren", schoß es mir unter der Musik durch den Kopf, „du darfst sie nicht begehren, weil sie deine Mutter ist. Sie heiraten zu wollen, wäre ebenso sinnlos, als wolltest du sie töten". „Vielleicht muß ich sie töten", war der nächste Gedanke. Daß damit ein symbolisches Töten gemeint war, stand nicht mit im Text, sodaß der Gedanke in mir auf der Stelle Verstörung anrichtete. Wie ich den Abend oder die nächsten Wochen hinbrachte, weiß ich nicht mehr; nur, daß ich sofort entschlossen war, mit niemandem über das Vorgefallene zu sprechen. Eine instinktive Abwehr bildete sich sofort gegen Psychiatrie und Psychoanalyse, als ob sie vor allem die Gefahr repräsentierten, die mir aus der Gesellschaft drohte, sofern man von meinen geheimen Gedanken erfahren würde. In Wahrheit war es aber wohl so, daß ich die Funktion des Psychiaters und Analytikers in jenen Wochen und Monaten selbst übernahm und beispielsweise beobachtete, daß meine Gedanken immer dann am schlimmsten waren, wenn meine Niedergeschlagenheit den tiefsten Punkt erreichte. Ich schloß daraus, daß vielleicht die Niedergeschlagenheit das Primäre und die „Gedanken" sekundär waren, oder daß zumindest eine gegenseitige Abhängigkeit bestand. Im Lauf eines Halbjahres konnte ich verfolgen, daß die Depression abebbte und die Wellen insgesamt flacher wurden. Ich konnte jetzt wieder mit der Mutter an einem Tisch sitzen, ohne befürchten zu müssen, im nächsten Augenblick stäche ich mit einem Messer auf sie ein.

Die Aussicht auf die beiden kommenden Filme David Leans war eine große, vielleicht die größte Hilfe, diese Zeit zu ertragen. „The Passionate Friends" fiel in den September 49 und markierte den bis dahin größten Fortschritt meines Sehen-Könnens; „Madeleine" in den Juni 50, als die Depression bereits hinter mir lag. In beiden Filmen verband sich Leans damals noch frische, junge, in Neuland vorstoßende Inszenierungskunst mit der (mir aus „The Seventh Veil" bekannten) Leuchtkraft Ann Todds; die beiden Künstler hatten während der Dreharbeiten zu „Madeleine" geheiratet. Ein drittes Projekt des Paares – „The Gay Gaillard", mit Ann Todd in der Rolle der Mary Stuart – war bereits angekündigt. Aber hier stellte sich für mich ein unlösbares Dilemma. Hatte mich bereits der Arbeitstitel von „Madeleine" – „The Trial of Madeleine Smith" – an einen berühmten und verschollenen Film Josef von Sternbergs erinnert, der „The Case of Lena Smith" geheißen hatte, so schien jetzt jedes neue Projekt die Gefahr mit sich zu bringen, daß Lean – so wie Sternberg in den frühen Dreißigerjahren – sein Regie-Prestige unwiderruflich einbüßen könnte. Schon jetzt waren die beiden Filme Leans mit Ann Todd nur halbe Erfolge gewesen und „Madeleine" überhaupt nur in Deutschland zugänglich, als er vor der englischen Besatzungsmacht lief. Ich ging aus dem Film mit verworrenen Gefühlen hinaus und wußte nicht, was ich wünschen sollte. Ohne Ann Todd fehlte von nun an etwas Wesentliches im Werk Leans; schlug er jedoch die Warnungen in den Wind und fuhr fort, nur noch „Ann-Todd-Filme" zu drehen, ging sein Weg in die Irre, in eine Sackgasse.

Das Elend zuhause war um diese Zeit so groß, daß ich es vielleicht nur ertragen konnte, indem ich mir die Ausweglosigkeit eines anderen vor Augen führte. Mit der Währungsreform im Sommer 48 hatte das Hefe-Werk, in dem der Vater mit den Jahren zum Geschäftsführer aufgestiegen war, wieder Alkohol produziert, und der Vater war alsbald in eine so schwere Trink-Phase geraten, daß er abends gar nicht mehr nachhause kam. Er schien auch in Geldnot einen Griff in die Firmenkasse getan zu haben, und bei diesem Tun – meinte die Mutter – müsse ihn jemand überrascht und in der Folge erpreßt haben. Der Verkauf zweier Grundstücke und der darauf stehenden Häuser – das der Großeltern und unser eigenes – hielt den Ruin nicht auf. Das immer noch verbleibende Vakuum war so groß, daß Restzahlungen mit der Zeit sogar noch auf mich übergehen sollten, sofern eines Tages der Vater nicht länger würde arbeiten können. Da sich um diese Zeit das Abitur und mit ihm die Frage der Berufswahl näherte, geriet ich in immer größere Ratlosigkeit. Etwas „mit Film" zu machen, was mir von meinem Interessen her am nächsten gelegen hätte, verbot sich aus einer Reihe von Gründen von selbst. Um auch noch den Rest von Zögern auszuräumen, lud die Mutter einen Honoratioren des Ortes – einen erfolgreichen Arzt – zu einem Glas Wein, und dieser Mann brauchte kaum schweres Geschütz aufzufahren, um mir meine Filmpläne im Licht der Vergeblichkeit erscheinen zu lassen. Ich spürte, daß die Mutter ihre ganze Hoffnung auf mich setzte: ich und kein anderer sollte den Ruin in eine Erfolgsgeschichte zurückverwandeln. Nicht umsonst hatte sie mich schon die ganze Kindheit hindurch vor der Gefahr einer Bürgschaft gewarnt (ihr Vater, dessen Vornamen ich trug, hatte auf diese Weise einst sein Vermögen verloren), und was die aktuelle Lage betraf, so hörte ich Nacht für Nacht in der kleinen Wohnung, die wir nun wieder bewohnten, die unterdrückten – mehr geschluchzten als gesprochenen – Anklagen der Mutter durch die Wand hindurch, und auch die Tante, die wieder mit uns gezogen war, kam wohl nicht umhin, sie durch die dünnen Wände mitanzuhören.

„Das geht mich nun alles nicht mehr an", hatte ich gedacht, als ich spätabends im Anschluß an einen der beiden zuletzt genannten Filmbesuche ins

Elternschlafzimmer gekommen war, wo die Mutter in Erwartung des Vaters noch wach lag. So einfach kam ich jedoch nicht davon. Es war um diese Zeit, daß ich Hilfe bei einer Psychotherapeutin suchte, deren Name mir von einem Klassenkameraden oder dessen Vater genannt worden war. Zwar sagte sie mir zu Beginn der zweiten Sitzung, ihr Supervisor – oder was es war – habe ihr von der Übernahme des Falles abgeraten, doch habe sie sich trotzdem zur Übernahme entschlossen. Später erzählte sie mir, sie habe von Anbeginn an das sonderbare Gefühl gehabt, es mit einem aus der Reihe fallenden Problem, einem „Kuckucksei" zu tun zu haben. Das Kuckucksei war ich, saß also in einem fremden Nest. Daß dem so war, mußte allerdings der Mutter mit Gewalt entrissen werden, indem die Therapeutin sie zu sich in die Sprechstunde bestellte. Das Licht blieb uneingeschaltet, als mir die Mutter eines Abends die Eröffnung machte, und so war es wohl leichter für sie und für mich, die Dinge zu sagen und zu hören, die so lange ungesagt geblieben waren. Während das Licht der Straßenlaterne weiter ins Zimmer schien, suchte ich meine Gedanken und Gefühle, so gut es gehen wollte, zu ordnen. Es war, als fielen mir Schuppen von den Augen: die vier Wochen zwischen den beiden Geburtstagen waren die vier Wochen gewesen, die ich – noch ohne Adoptiveltern – im Heim oder Hospital verbracht hatte. Das kleine Mädchen, von dem ich gemeint hatte, die Mutter zöge es mir vor, war die kleine Mitbewerberin gewesen, die in die engere Auswahl gezogen, aber dann doch nicht adoptiert worden war, weil es ein Sohn und Namensträger hatte sein sollen. Enger konnte die Verbindung mit den geheimen Gedanken der Mutter gar nicht gewesen sein, und wann immer sonderbare Gedanken aus der Tiefe aufgestiegen waren, hatten sie ihre gegenständliche Entsprechung, ihr Gegenstück in irgendwelchen Realitätsfaktoren gehabt.

Ich hörte nun auch Näheres über meine erste, bei den Adoptiveltern verbrachte Lebenszeit. Aus dem apathischen Säugling, dem bei der ersten Begegnung eine zu große Wollmütze über Ohren und Augen gerutscht war, hatte ich mich im Lauf des ersten halben Jahres zu einem munteren Kind entwickelt, dem allerdings jede neue Aufgabe, jeder Entwicklungsschritt Schwierigkeiten bereitete: Ein geringfügiges Hindernis etwa, über das ihn die Adoptivmutter wegheben wollte, oder Wasser, dessen Tiefe nicht auf den ersten Blick auszuloten war. Meine ganze Liebe habe übrigens der Großmutter – Mutter der Mutter – gegolten, die einst selbst vier Kinder großgezogen hatte und nun mit rührender Liebe an dem Enkel hing. Ich erinnerte mich ihrer Züge nur dunkel, da ihr Tod bereits in mein viertes Lebensjahr fiel, konnte mich nur noch der frischen Kühle ihrer Küche und der Motive auf den Kacheln entsinnen, auf denen Schiffe, Windmühlen und sehr viel Wasser zu sehen gewesen waren. Die Menschen auf den Bildern trugen meist Wassereimer – stets zwei auf einmal, die ein über die Schultern gelegter Tragbalken im Gleichgewicht hielt. Ein ähnlich ausbalanciertes Gleichgewicht hatten auch die elterliche und großmütterliche Wohnung gebildet – einander so genau gegenüber, daß man einander in die Fenster hatte blicken können.

Als der Adoptivvater kurz nach vollzogener Adoption des Kindes zu trinken begann – aus Eifersucht oder weil er nicht wirklich stimmberechtigt gewesen war, als die Adoption zur Entscheidung anstand –, hatte die Großmutter mich kurzerhand zu sich herübergeholt und war in der Eile gestrauchelt; dabei hatte sie sich den Arm gebrochen, in dem sie mich hielt.

Es war wohl kein Zufall, daß ich unter der Psychotherapie als erstes von der Szenerie dieser vier ersten Lebensjahre träumte – die Mutter und ich an einem der nach vorn heraus sehenden Fenster, aber jemand am Fenster uns genau gegenüber, der mit seinem Herübersehen, Uns-nicht-aus-den-Augen-Lassen der Mutter-Sohn-Beziehung „Form gab". Der Traum fiel bereits in einen zweiten Psychotherapieversuch, etliche Jahre später, als ich die leiblichen Eltern kennengelernt hatte und alles in mir kreuz und quer durcheinander lag. Wessen Kind war ich eigentlich, wer hatte mich am tiefsten und stärksten geprägt? Wenn ich den Träumen und Assoziationen vertraute, war das frühe Milieu ausschlaggebend gewesen. Eine überschießende Übertragung kam in Gang, mit der Figur der Analytikerin als Zentralfigur, die sich kaum von der Großmutter von einst unterschied – was meine ihr geltenden Gefühle betraf. Die gesamte Umgebung war einbezogen: der Wasserturm in der Nähe ihrer Wohnung, obwohl es sich um eine andere Stadt handelte, der Wasserturm der frühen Kindheit. Die beiden alten Schränke auf dem Vorflur der Analytikerin die Schränke und Truhen der ländlichen Verwandtschaft, die die kühlen weiträumigen Dielen noch größer, weiter hatten erscheinen lassen. Als ich aus dem Augenwinkel mitbekam, wie sich die Analytikerin nach einem ihr entfallenen Stift bückte, dachte ich an die Frauen vom Land, die bis in die ersten Kriegsjahre hinein zu uns in die Stadt gekommen waren, sich hier von ihrer „Senkung" befreien zu lassen. War das eine Anzüglichkeit, die sich auf die Person der Analytikerin bezog? Der Kühle ihrer Stimme nach – der aber ihr freundliches Gesicht widersprach – waren ihr meine Einfälle und Assoziationen zu konkret, zu überschwenglich, zu sehr mit „Atmosphäre" gesättigt. In der Tat stieß ich, noch ehe ich das Haus der Analytikerin verlassen hatte, auf die negative, feindliche Komponente dieser überschießenden Übertragung: mir war, als spränge mir die Analytikerin aus dem zweiten Stockwerk nach, wolle – wie die Hexe im Märchen – auf dem Buckel von mir nachhause getragen werden.

Was ich zu jener Zeit noch nicht wissen konnte, war, daß die Analytikerin – ohne selbst über Erfahrung mit Psychosen zu verfügen – die bei mir bestehende „frühe" Störung reflektorisch mit „Psychosegefährdung" gleichsetzte und aus diesem Grunde ständig auf der Hut war. Oft meinte ich (sobald ich diesen Zusammenhang verstanden hatte), sie über diesen Punkt beruhigen zu können, aber ihre Berufsehre hätte sicher nicht zugelassen, daß der Analysand besseren Durchblick zu haben meinte als sie selbst. Auch konnte kein Zweifel daran bestehen, daß ich die Analytikerin – zu „Abwehrzwecken", wie man das nannte – viel zu stark idealisierte und so dafür sorgte, daß die Beziehung – statt einfach nur „gut" zu sein – stattdessen immer etwas *zu* gut war. In einem Traum der Anfangsphase stand ich wie Pinocchio vor ihrem dunklen Haus, in dem nur ganz oben ein Fenster – ihres – erleuchtet war. Wie die Pinocchio gewogene, aber doch auch kritisch gesonnene Fee beugte sie sich oben über die Fensterbrüstung und warnte mich vor dem vielen Schmutz, der von einem durch die Dunkelheit schweifenden, unsichtbar bleibenden Faschingszug herrührte. Vermutlich wäre es darauf angekommen, diesen Zug dingfest zu machen, bevor er allzuviel anrichten konnte, aber wie sollte ich seiner habhaft werden? Indem ich archaische Träume in die Analyse brachte, auf die die Analytikerin ablehnend, gleichsam unwirsch reagierte? Einmal kam ich mit drei in einer einzigen Nacht gesammelten Träumen, die nun endlich die Mutter-Problematik aufzuarbeiten schienen – auch die frustrierenden Erfahrungen der jüngsten Zeit, in denen (im Zusammenspiel mit der leiblichen Mutter) das Trauma der „Aussetzung" ein übers andere Mal re-aktualisiert, re-inszeniert worden war. Im ersten der Träume bedeutete man mir, nur um eines kleinen Mädchens willen werde ich an einer Art matriarchalischem Königshof geduldet. Im zweiten Traum stand ich mitten in einem Hohlweg und hörte einen Wagen schellenklingelnd näherkommen; als er sichtbar wurde, riß er mich um, und die Schoßhunde der „Königin" – die den Wagen selber lenkte – purzelten über mich hinweg in den Graben. Im dritten Traum stand ich an einem Gestade und sah zum anderen Ufer hinüber, wo sich ein überlebensgroßes Mutter-Kind-Standbild befand; noch während ich hinüberblickte, richtete sich das bis dahin halb liegende Kind auf, zielte mit einer Bombe auf das mütterliche Knie. Auf diese Träume reagierte die Analytikerin so einsilbig, daß ich notgedrungen zu forschen begann, was sie so verstimmt hatte: natürlich, ich hatte die Geschichte des Ödipus geträumt, aber die Gestalt des feindlich daherkommenden Vaters durch die der feindlich daherkommenden Mutter ersetzt! Als ich das geäußert hatte, stimmte die Analytikerin sofort zu und sagte etwas wie: „lange genug" – um dergleichen Zusammenhänge zu verstehen – sei ich ja bereits in Analyse.

Daß es so meiner Lebensgeschichte entsprach – der leibliche Vater hatte mich als Sohn voll akzeptiert, die Mutter nicht – wurde von der Analytikerin wohl gar nicht reflektiert und nur die Abweichung wahrgenommen – nicht sosehr die Abweichung vom Mythos, die hingehen mochte, sondern die Abweichung vom Dogma, zu dem der Mythos längst geworden war. Ich war nicht „ödipal" genug strukturiert, träumte nicht „ödipal" genug – wurde ein weiteres Mal, wie schon in der Kindheit, an Modellvorstellungen gemessen, die ich, um zu überleben, mühsam erraten und in den Schriften zur Psychoanalyse nachlesen mußte. Erzählte ich beispielsweise vom ersten Auftreten des Pavor nocturnus im Anschluß an die Chloroform-Narkose, deutete die Analytikerin solange daran herum, bis alles angeblich ganz anders gewesen war. Der „Pavor" hatte sich, um dem ihr vorschwebenden Modell zu genügen, nicht erst mit neun, sondern schon mit fünf, also in der Vollblüte des „Ödipus" manifestiert. Hatte eingangs ich die atmosphärische Rekonstruktion der Vergangenheit übertrieben und damit übers Ziel hinausgeschossen, übertrieb jetzt die Analytikerin die Rekonstruktion dessen, wie es ihrer Überzeugung nach „stattdessen" gewesen war. Es war in dieser Zeit, daß sie mich immer häufiger auf meine „Grundstörung" ansprach, der ich mit viel Schlaf, gutem Essen und gesunder Lebensführung Rechnung tragen sollte; bewegte ich mich jedoch in Richtung „Psychosegefährdung", erhielt ich kleine elektrische Schläge, die mich wieder auf den rechten Weg bringen sollten. Nach solchen Gefechten war mir oft zumute, als brenne das elektrische Licht nur noch mit halber Kraft, aber ich hütete mich, es auszusprechen, denn das wäre nur wieder Wasser auf ihre Mühlen gewesen.

Jetzt erst wurde mir bewußt, daß unter dem anfänglichen Überschwang immer schon eine leise Ängstlichkeit verborgen gewesen war – die Befürchtung, die Analytikerin sei vielleicht nichts als eine „Fremde" und unsere ganze Zusammenarbeit ein an Peinlichkeit grenzendes Mißverständnis. Eines Tages hielt ich fast den Beweis dafür in Händen, denn als mir beim Warten vor ihrer Tür das Flurlicht ausgegangen war und ich nicht rasch genug nach dem Schalter griff, tat sich ihre Tür bereits auf, womit ich nicht so bald gerechnet hatte. Entsetzt prallte die Analytikerin zurück vor der finsteren Gestalt – dem „Eindringling", der ihr so unversehens (das war der Eindruck, den ich davontrug) aus dem Dunkel entgegentrat. So waren wir also, ohne es zu wissen, mit der Re-Inszenierung meiner Kindheitsängste beschäftigt gewesen, während wir uns über ganz anderes gestritten hatten! Ich der Unhold aus dem Keller, vor dem ich selbst mich gefürchtet hatte; sie die Adoptivmutter, die sich vor dem „Mann" in einem Maße fürchtete, daß es immer der Anwesenheit einer zweiten Frau bedurft hatte, um nicht zu dekompensieren. Der Faschingszug im Traum, den ich weit von mir weggehalten und damit auch der Analytikerin erspart hatte, stand wahrscheinlich für den „Schmutz" männlichen Umtriebs, männlicher Triebhaftigkeit, die nun – während die Analyse ihrem Ende entgegenging – vielleicht für immer ihr Wesen oder Unwesen im Dunkeln treiben mußte.

Alles das blieb ausgespart im letzten Gespräch, in dem mich die Analytikerin aufforderte, mich ihr gegenüber zu setzen, und vom Ende ihrer eigenen Analyse oder Lehranalyse erzählte. Wer sie denn nun eigentlich sei und welche Struktur sie habe, hatte sie ihre Analytikerin gefragt. Die hatte gelacht und die Frage auf sich beruhen lassen, aber ich verstand nun, daß hinter der Maske der ernsten, würdigen, gestandenen Frau immer auch ein kleines ängstliches Mädchen die Fäden gezogen und Regie geführt hatte. Meine Reaktion war fast vorgeschrieben, ich setzte das treuherzige Gesicht auf, über das ich schon als Kind verfügt hatte, verabschiedete mich höflich und ging. Die Analyse hatte mir zumindest den Dienst erwiesen, daß ich noch einmal der ganzen, hinter dem „treuherzigen Gesicht" verborgenen Fremdheit innegeworden war.

Literaturverzeichnis

Abraham, K. (1922): Die Spinne als Traumsymbol. In: Abraham, Psychoanalytische Studien zur Charakterbildung und andere Schriften, Band I. Frankfurt a.M. (S. Fischer)

Balint, M. (1970): Therapeutische Aspekte der Regression. Die Theorie der Grundstörung. Stuttgart (Klett).

Borkenau, F. (1957): Zwei Abhandlungen zur griechischen Mythologie. In: PSYCHE XI, 1957/58, 1-27.

Brontë, E. (1974): Wuthering Heights. London (Corgi Books).

Brontë, E. (1975): Die Sturmhöhe. Frankfurt a.M. (Insel).

Calder, A. (1977): Introduction to „Great Expectations". Harmondsworth (Penguin), p. 11-29.

Cremerius, J. (1977): Grenzen und Möglichkeiten der psychoanalytischen Behandlungstechnik bei Patienten mit Über-Ich-Störungen. PSYCHE 31, 593-636.

Cremerius, J. (1977): Übertragung und Gegenübertragung bei Pateinten mit schwerer Über-Ich-Störung. PSYCHE 31, 879-896.

Dickens, Ch. (1977): Great Expectations. Harmondsworth (Penguin)

Dickens, Ch. (1947); Große Erwartungen. Zürich (Manesse).

Doderer, H.v. (1956): Die Dämonen. München (Biederstein).

Doderer, H.v. (1976): Commentarii 1951-1956. Tagebücher aus dem Nachlaß. München (Biederstein).

Dostojewski, F.M. (1980): Der Jüngling. München (Piper)

Eliot, T.S. (1919): Hamlet. In: Selected Prose (1953). Harmondsworth (Penguin).

Eliot, T.S. (1954): The Confidential Clerk. London (Faber & Faber).

Eliot, T.S. (1974): Die Dramen. Frankfurt am Main (Suhrkamp). "Der Privatsekretär" übersetzt von Erich Fried.

Freud, S. (1930): Das Unbehagen in der Kultur. Ges. Werke Bd. XIV (Frankfurt, Fischer).

Freud, S. (1938): Die Ichspaltung im Abwehrvorgang. Ges. Werke Bd. XVII (Frankfurt, FIscher).

Freud, S. (1919): Der Familienroman der Neurotiker. Ges. Werke Bd. VII. Frankfurt a.M. (Fischer)

Freud, S. (1937): Die endliche und die unendliche Analyse. Ges. Werke Bd. XVI. Frankfurt a.M. (Fischer).

Fromm, E. (1977): Anatomie der menschlichen Destruktivität Reinbek (Rowohlt).

Genzmer, F. (1964): Die Edda. Die wesentlichen Gesänge der altnordischen Götter- und Heldendichtung. Düsseldorf/Köln (Diederichs).

Goethe, J.W.v. (1972): Die Wahlverwandtschaften, Frankfurt a.M: (Insel).

Grimm, J. und W. (1985): Die Kinder- und Hausmärchen in der Fassung von 1912/14. Herausgegeben und mit einem Nachwort von P. Dettmering. Lindau (Antiqua).

Bibliographische Hinweise

Zum Entfremdungserleben in Heimito von Doderers „Dämonen": zuerst in: Goeppert, S. (Hsg.) Pespektiven psychoanalytischer Literaturkritik. Freiburg/Br. (Rombach), 9-22. Auch in Dettmering, P. (1981): Psychoanalyse als Instrument de Literaturwissenschaft. Frankfurt a.M. (Fachbuchhandlung für Psychologie).

Adoption im Märchen I: „Marienkind". Unter dem Titel „Das Märchen vom Marienkind – Adoleszenz im Märchen" in : Praxis der Kinderpsychologie und Kinderpsychiatrie, 41, März 1992, 90-94.

Adoption im Klassischen Roman. In: Harms, E. und Strehlow, B. (Hsg.): Das Traumkind in der Realität. Psychoanalytische Einblicke in die Probleme von adoptierten Kindern und ihren Familien. Göttingen (Vandenhoeck und Ruprecht 1990)., 130-141.

Zu dem Kapitel über Henry James siehe meine ausführlichen Darstellungen in: Dettmering, P., Psychoanalyse als Instrument der Literaturwissenschaft, 75-98, und Dettmering P.: Literatur/Psychoanalyse/Film. Stuttgart 1984 (Frommann-Holzboog), 92-115.

Danksagung

Die Köhler-Stiftung, München, hat durch ihre Unterstützung wesentlich zur Drucklegung dieses Buches beigetragen, wofür ich ihr zu großem Dank verpflichtet bin.

Grimm, J. und W. (1975): Die Kinder- und Hausmärchen in drei Bänden. Frankfurt a.M. (Insel).

Grimm, J. (1939): Deutsche Mythologie. Wien/Leipzig (Bernina).

Hebbel, F. (o.J.): Werke in 2 Bänden. Hamburg (Hoffmann und Campe).

James, H. (1913): A Small Boy and Others. New York (Scribner's).

James, H. (1954): Die Prinzessin Casamassima. Köln und Berlin (Kiepenheuer und Witsch).

James, H. (1983): Roderick Hudson. Köln (Kiepenheuer und Witsch).

James, H. (1972): Die Tortur (The Turn of the Screw). Frankfurt a.M. (Suhrkamp).

Jean Paul (1983): Titan. Frankfurt a.M. (Insel).

Kafka, F. (1947): Beim Bau der Chinesischen Mauer und andere Texte. Berlin (Gustav Kiepenheuer).

Kernberg, O.F. (1978): Borderline-Störungen und pathologischer Narzißmus. Frankfurt a.M. (Surhkamp).

Kleist, H.v. (1964): Erzählungen. München (dtv).

Kohut, H. (1973): Narzißmus. Eine Theorie der psychoanalytischen Behandlung narzißtischer Persönlichkeitsstörungen. Frankfurt a.M. (Suhrkamp).

Kohut, H. (1975): Die Zukunft der Psychoanalyse. Frankfurt a.M. (Surhkamp).

Kohut, H. (1975): Die Heilung des Selbst. Frankfurt a.M. (Suhrkamp).

Loch, w. (1972): Zur Theorie, Technik und Therapie der Psychoanalyse. Frankfurt a.M. (Fischer).

Rilke, R.M. (1923): Die Duineser Elegien und die Sonette an Orpheus. Wiesbaden (Insel 1950).

Rölleke, H. (1975): Die älteste Märchensammlung der Brüder Grimm. Synopse der handschriftlichen Urfassung von 1810 und der Erstdrucke von 1812. Cologny-Genève (Bibliotheca Bodmeriana).

Wagner, R. (1938-1941): Dramen in Einzelausgaben. Leipzig (Reclam).

Walser, R. (1902): Gedichte und Dramolette. Gesamtausgabe in 12 Bänden. Frankfurt a.M. (Suhrkamp 1978).

Weber, D. (1963): Heimito von Doderer. Studien zu seinem Romanwerk. München (Beck).

Winnicott, D.W. (1974): Reifungsprozesse und fördernde Umwelt. München (Kindler).

Worth, K. (1963): Eliot and the Living Theatre. Deutsch in: Zur Aktualität T.S. Eliots. Hsg. von H. Viebrock und A.P. Frank. Frankfurt a.M. (Suhrkamp 1975), 213-236.